A dimensão técnico-operativa no Serviço Social
desafios contemporâneos

EDITORA AFILIADA

Dados Internacionais de Catalogação na Publicação (CIP)
(Câmara Brasileira do Livro, SP, Brasil)

A Dimensão técnico-operativa no serviço social : desafios contemporâneos / Cláudia Mônica dos Santos, Sheila Backx, Yolanda Guerra (orgs.). — 3. ed. — São Paulo : Cortez, 2017.

Bibliografia
ISBN: 978-85-249-2522-1

1. Assistentes sociais - Treinamento - Brasil 2. Formação profissional 3. Serviço social - Brasil 4. Serviço social - Orientação profissional - Brasil I. Santos, Cláudia Mônica dos. II. Backx, Sheila. III. Guerra, Yolanda.

17-02848

CDD-361.30981

Índices para catálogo sistemático:

1. Brasil : Serviço social : História   361.30981

Cláudia Mônica dos Santos
Sheila Backx
Yolanda Guerra (Orgs.)

A dimensão técnico-operativa no Serviço Social

desafios contemporâneos

3ª edição

4ª reimpressão

A DIMENSÃO TÉCNICO-OPERATIVA NO SERVIÇO SOCIAL: desafios contemporâneos
Cláudia Mônica dos Santos • Sheila Backx • Yolanda Guerra (Orgs.)

Capa: de Sign Arte Visual
Preparação de originais: Ana Paula Luccisano
Revisão: Maria de Lourdes de Almeida
Composição: Linea Editora Ltda.
Assessoria editorial: Maria Liduína de Oliveira e Silva
Editora-assistente: Priscila F. Augusto
Coordenação Editorial: Danilo A. Q. Morales

Nenhuma parte desta obra pode ser reproduzida ou duplicada sem autorização expressa das organizadoras e do editor.

© 2016 by Autores

Direitos para esta edição
CORTEZ EDITORA
Rua Monte Alegre, 1074 – Perdizes
05014-001 – São Paulo – SP
Tels. (55 11) 3864-0111 / 3611-9616
cortez@cortezeditora.com.br
www.cortezeditora.com.br

Impresso no Brasil – agosto de 2025

SUMÁRIO

Apresentação à 3ª edição
*Cláudia Mônica dos Santos ▪ Sheila Backx ▪
Yolanda Guerra*.. 7

Prefácio à 2ª edição
Maria Carmelita Yazbek.. 9

Apresentação à 2ª edição
*Cláudia Mônica dos Santos ▪ Sheila Backx ▪
Yolanda Guerra*.. 13

Prefácio
Valeria Forti... 15

Apresentação
*Cláudia Mônica dos Santos ▪ Sheila Backx ▪
Yolanda Guerra*.. 19

A dimensão técnico-operativa do Serviço Social: questões para reflexão
*Cláudia Mônica dos Santos ▪ Rodrigo de Souza Filho ▪
Sheila Backx*... 25

A dimensão técnico-operativa do exercício profissional
Yolanda Guerra.. 49

Ações profissionais, procedimentos e instrumentos no trabalho dos assistentes sociais nas políticas sociais
Rosa Lúcia Prédes Trindade 77

Instrumental técnico e o Serviço Social
Hélder Boska de Moraes Sarmento 109

A intervenção do Serviço Social nos CRAS: análise das demandas e possibilidades para o trabalho socioeducativo realizado grupalmente
Alexandra Aparecida Leite Toffanetto Seabra Eiras 127

Serviço Social, projeto ético-político e cultura: as intersecções na intervenção do assistente social que trabalha na implementação da política de assistência social
Carina Berta Moljo ▪ Priscilla Alves Moura de Souza ▪ Raquel Ferreira Timoteo ▪ Renata Aparecida Ferreira da Silva...... 153

Racionalidades e Serviço Social: o acervo técnico-instrumental em questão
Yolanda Guerra.. 181

Sobre os autores.. 203

APRESENTAÇÃO À 3ª EDIÇÃO

É com prazer que as organizadoras apresentam a 3ª edição deste livro, agora sob a responsabilidade da Cortez Editora — tradicional e reconhecido veículo de divulgação da produção acadêmica e profissional da área —, trazendo a expectativa de adensar e difundir o debate sobre a dimensão técnico-operativa do Serviço Social, a partir das questões que ele apresenta.

Vale lembrar que a origem deste livro está relacionada à realização do Simpósio intitulado "A dimensão técnico-operativa no Serviço Social: desafios contemporâneos na formação profissional do assistente social frente aos novos padrões de proteção social", ocorrido no segundo semestre de 2009, na Universidade Federal de Juiz de Fora (UFJF), com o apoio da Fundação de Amparo à Pesquisa em Minas Gerais (FAPEMIG). Nesse evento, os autores firmaram o compromisso de aprofundar as discussões colocadas; mas esse amadurecimento pressupõe, por outro lado, a ampliação dos interlocutores nesse debate.

A 1ª edição foi lançada em novembro de 2012 e a 2ª data de julho de 2013, demonstrando — como já comentado em apresentações anteriores — "a quase ausência de produção sobre a temática", "a necessidade da profissão em investir na sua operacionalização", bem como "a premência de publicações sobre esse tema, tendo como referência o Projeto Ético-político do Serviço Social". Cabe ressaltar que o livro vem sendo demandado também por docentes portugueses e de demais países da América Latina — nos quais ainda circula de modo residual —, daí a importância desta 3ª edição ser realizada por uma editora que tenha possibilidade maior de inserção e divulgação nesses países. Agradecemos à Editora da UFJF pela cessão do livro, e à Cortez Editora pelo interesse.

Nesse sentido, nada mais significativo que republicar este livro ao término de um ano que conteve tantos marcos significativos para o Serviço Social no Brasil: os 80 anos da criação do primeiro curso, os 70 anos de criação da Associação Brasileira de Ensino em Serviço Social (hoje ABEPSS) e os 20 anos das Diretrizes Curriculares para o ensino de Serviço Social. O debate só está começando!

Rio de Janeiro e Juiz de Fora, janeiro de 2017

Cláudia Mônica dos Santos
Sheila Backx
Yolanda Guerra

PREFÁCIO À 2ª EDIÇÃO

Além de oportuna e necessária, a publicação desta 2ª edição do livro *A dimensão técnico-operativa no Serviço Social: desafios contemporâneos* configura-se como uma importante contribuição no processo de desvendamento da dimensão interventiva da profissão.

Sem dúvida, o tema da dimensão técnico-operativa no Serviço Social é desafiante, pois nos coloca diante de um conjunto de questões e inquietações que permeiam sob múltiplos aspectos o cotidiano do assistente social brasileiro na contemporaneidade.

Organizada por três experientes pesquisadoras, Cláudia Mônica dos Santos, Sheila Backx e Yolanda Guerra, cujas competências e profissionalismo demonstrados ao longo das suas trajetórias intelectuais são amplamente reconhecidos pela comunidade acadêmica do Serviço Social, a nova edição nos coloca em face de crescentes e novos desafios colocados para o trabalho profissional.

Inicialmente, é necessário inscrever esta produção no âmbito das maduras análises que a profissão e seus intelectuais vêm construindo sobre as particularidades do Serviço Social brasileiro, no atual contexto do capitalismo, contexto difícil, complexo e que vem interpelando o Serviço Social sob vários aspectos: das novas manifestações e expressões da questão social, resultantes de transformações estruturais do capitalismo contemporâneo, aos processos de redefinição dos sistemas de proteção social e da política social em geral que emergem nesse cenário. Desafios de um tempo incerto, de mudanças aceleradas e transformações na economia, na política e na sociabilidade. Este ciclo de transformações societárias em ampla escala e em diferentes esferas da vida redimensiona as demandas colocadas para a profissão, pois sem dúvida há uma profunda relação entre as mudanças, em andamento, e as políticas sociais que se tornam cada vez mais focalizadas e condicionadas, face à ruptura trabalho/proteção social.

É necessário também assinalar que este contexto coloca para o incipiente campo da Seguridade Social no país, campo que absorve de forma significativa o trabalho do assistente social, profundos paradoxos. Pois, se de um lado o Estado brasileiro aponta constitucionalmente para o reconhecimento de direitos, por outro, se insere no contexto de ajustamento a essa nova ordem capitalista internacional, em um ambiente de desacertos e tensões, marcado por perspectivas privatizadoras e tecnocratas.

Como sabemos as políticas sociais são mediações fundamentais para o exercício da profissão, que interfere nos processos relacionados com a reprodução social da vida, levando em consideração relações de classe, gênero, etnia, aspirações sociais, políticas, religiosas, culturais, além de componentes de ordem afetiva e emocional. Concretamente, sob os impactos dessas transformações que já interferem no cotidiano de seu trabalho o assistente social brasileiro enfrenta novas demandas, atribuições e competências além da exigência de novos conhecimentos técnico-operativos, ao lado de suas práticas de sempre.

E é aqui que encontramos a grande contribuição desta coletânea que reúne abordagens diversas acerca do "fazer" profissional. Efetivamente, reconhecer a relevância da dimensão técnico-operativa é fundamental para uma profissão que desenvolve tanto atividades na abordagem direta da população que procura as instituições e o trabalho do profissional (entrevistas, atendimento de plantão social, visita domiciliar, orientações, encaminhamentos, reuniões, trabalho com indivíduos, famílias, grupos, comunidades, ações de educação e organização popular, entre outros aspectos), como atua na pesquisa e produção de conhecimento, administração, planejamento, supervisão, consultoria e gestão de políticas, programas e projetos na área social.

Assim, o "saber fazer", pela apropriação e construção de mediações operativas, é passo decisivo na construção cotidiana do projeto da profissão e de outra sociabilidade que não a capitalista. O desafio é, pois, como tantas vezes temos afirmado, construir este projeto no tempo miúdo da ação profissional. É nesse tempo que podemos partejar o novo, construir resistências, construir hegemonia, enfrentar as sombras que mergulham esta imensa parcela de humanidade que convive com o poder do capital em seu cotidiano de condição subalterna. Desafio imenso, que exige a construção de mediações de múltiplas e de interligadas naturezas: teórico-metodológicas, técnicas, operativas, e, sobretudo éticas e políticas.

Sem dúvida, enfrentar a questão do campo interventivo do Serviço Social consistiu em um grande desafio que as organizadoras/autoras enfrentaram com competência, apresentando para o leitor um conjunto de textos instigantes e polêmicos acerca da profissão e de seus saberes interventivos, no andamento desses tempos de acontecimentos políticos e sociais acelerados.

Em síntese, as instigantes reflexões e análises contidas neste livro representam uma significativa contribuição ao processo de análise das contradições, limites e possibilidades do arsenal técnico-operativo do Serviço Social profissional, e fazem com que o mesmo se torne leitura obrigatória para todos que buscam entender as possibilidades contidas na dimensão interventiva da profissão no ambiente neoliberal.

Maria Carmelita Yazbek

APRESENTAÇÃO À 2ª EDIÇÃO

Apresentamos ao público a segunda edição revista e ampliada do livro: *A dimensão técnico-operativa no Serviço Social: desafios contemporâneos*.

A primeira edição foi lançada por ocasião do XIII ENPESS, ocorrido em novembro de 2012, na cidade de Juiz de Fora — MG. No mês de julho de 2013 os 1.000 exemplares impressos, surpreendentemente, já haviam se esgotado, o que nos causou imensa satisfação. Tributamos a esta ampla procura pela obra não apenas a quase total ausência de produção sobre a temática, mas, o reconhecimento do inquestionável fato de que a profissão necessita, desde muito, investir na sua operacionalização. Em outras palavras: nas mediações que permitam a passagem das macroteorias para o exercício profissional competente e compromissado, tendo, portanto, no acervo técnico-instrumental um componente fundamental. Esse fato também nos indica a premência de publicações sobre este tema tendo como referência o projeto ético-político que orienta a profissão.

Nesta direção, foi pensada uma segunda edição que ampliasse e aprofundasse o debate travado na edição anterior. Desta forma, a professora Yolanda Guerra vem adensar as polêmicas com um novo artigo que complementa e enriquece suas reflexões anteriores sobre a necessária unidade entre as dimensões da profissão, com ênfase na dimensão técnico-operativa. O novo artigo busca responder às questões sobre: Qual a racionalidade acionada pelo assistente social no atendimento das requisições institucionais? Quais as consequências de conceber o instrumental técnico-operativo abstraído de qualquer conteúdo concreto e objetividade? Estas questões são fundamentais para situar os instrumentos e técnicas como um acervo técnico-instrumental necessário à passagem das finalidades aos resultados concretos e como tal refletir sobre as racionalidades subjacentes ao exercício profissional.

A professora Carmelita Yazbek colabora com esta edição abrilhantando-a com um prefácio, marcando a atualidade e as polêmicas sobre o tema, principalmente, na área da seguridade social. A ela, um especial agradecimento.

Convidamos os leitores a fazerem parte deste debate.

Cláudia Mônica dos Santos
Sheila Backx
Yolanda Guerra

PREFÁCIO

Inicialmente, é impossível não mencionar o orgulho e o prazer decorrentes do convite que recebi das organizadoras, Prof.ª Dr.ª Cláudia Mônica dos Santos, Prof.ª Dr.ª Sheila Backx e Prof.ª Dr.ª Yolanda Guerra, a primeira da Universidade Federal de Juiz de Fora e as duas últimas da Universidade Federal do Rio de Janeiro, para realizar o prefácio desta coletânea. Orgulho, haja vista tratar-se do prefácio de uma publicação fruto de uma atividade acadêmica no sentido profundo do termo[1]. Prazer, por ter em mãos a leitura diversificada que compõe esta coletânea. Sobretudo porque, além da qualidade da argumentação e da relevância da temática aqui tratada, em cada artigo é verificável o esforço dos autores no enfrentamento e na busca de superação de questões cruciais ao exercício profissional. Esforço no sentido de superar algumas das concepções que, apesar de frequentemente apontadas como equivocadas nas polêmicas profissionais, não foram erradicadas, seja na formação, seja no exercício profissional

---

1. Refiro-me ao Simpósio intitulado "A dimensão técnico-operativa no Serviço Social: desafios contemporâneos na formação profissional", realizado na Universidade Federal de Juiz de Fora, em agosto de 2009.

Como pude constatar, o Simpósio assegurou, além de discussões de elevado teor teórico-crítico, a participação de diferentes segmentos — docentes, discentes e Assistentes Sociais —, corporificando genuína relação político-acadêmica, ou seja, relação enobrecedora da convivência e do conhecimento, com efetiva e rica troca de saberes, respeitando princípios éticos que, não obstante recorrentes nos discursos, principalmente nos acadêmicos, nem sempre se materializam.

do assistente social. São exemplos disso as concepções que privilegiam a dimensão técnico-operativa em detrimento do conhecimento teórico, assim como as que responsabilizam singularmente o conhecimento teórico pela competência profissional, como se a teoria fosse, por si só, capaz de alterar (e eficazmente) a realidade social.

Os textos que ora chegam aos leitores são contributos que favorecem enfrentamentos para a recorrente — no Serviço Social e em outros campos do conhecimento — e falsa polêmica de que "na prática a teoria é outra". Por conseguinte, adensam, refinam e lançam luzes às discussões e às ações profissionais, às pesquisas e aos demais estudos relativos à dimensão interventiva do Serviço Social. Esta coletânea reúne diferentes abordagens de intelectuais críticos do Serviço Social dispostos a colaborar, com qualidade, para a superação de uma lacuna na produção acadêmica desta profissão: a discussão sobre a formação e o exercício profissionais em seu vínculo com a finalidade da profissão, ou melhor, a discussão "do como fazer" para o alcance da finalidade profissional.

Sem caírem no simplismo, tampouco em arrogâncias intelectuais que induzem precipitadamente a conclusões, mas, contrariamente, de modo crítico e fecundo, os autores trazem à baila a discussão sobre o âmbito técnico-operativo numa perspectiva histórica e teórica, permitindo apreendê-lo como parte da intervenção do Serviço Social nas relações sociais, sem sugerirem qualquer semelhança deste âmbito com um arsenal de instrumentos neutros e/ou técnicas aplicáveis de maneira prescritiva.

O Serviço Social não surgiu no cenário profissional como mera consequência da qualificação de conhecimentos teóricos de ações que, através da filantropia e do assistencialismo, dirigiam-se à "questão social". Diferente disso, a emersão desta profissão (inclusive na história brasileira) corresponde a determinadas estratégias do capital em um período específico — a era dos monopólios[2] —, haja vista a própria configuração do capitalismo e a da "questão social" àquela época.

---

2. A esse respeito, consultar *Capitalismo monopolista e Serviço Social*, de José Paulo Netto. 8. ed. São Paulo: Cortez, 2011.

Para assegurar a ordem econômica monopolista (os interesses burgueses), foram necessários mecanismos extraeconômicos, passando o Estado a assumir um papel ampliado. Daí o recurso à política social, lócus privilegiado do trabalho do assistente social. Pode-se dizer, portanto, que a política social é o campo privilegiado do trabalho desse profissional; um espaço em que se observam processos e nexos dos conflitos e até confrontos entre interesses de classes, e as consequentes injunções das demandas que se dirigem ao profissional do Serviço Social e o mobilizam para a prestação de serviços especializados. Ações profissionais que por largo lapso temporal se mantiveram distantes de qualquer perspectiva dissonante da ordem social estabelecida. Ou seja, se desenvolveram sob o "manto da neutralidade", sob a percepção do mundo capitalista como passível à crítica que visasse, no máximo, ao seu aprimoramento.

Esse é o quadro de uma categoria profissional predominantemente acrítica, alicerçada por um referencial inconsistente, eclético, constituído por informações parciais, fragmentadas e abstratas. Nisso se encontra, ao lado de respostas limitadas por apreensões obscurecidas pelo senso comum, um profissional que restringe sua ação a prescrições, e, portanto, a procedimentos técnico-operativos desconexos da concepção segundo a qual o assistente social é um intelectual que intervém na realidade social, habilitado a operar em área particular. Para isso, precisa considerá-la com competência, o que significa entender que o particular é parte da totalidade, ou seja, significa apreensão crítica da realidade social. Isso é diferente da evidente necessidade de nexo técnico-operacional (instrumental) na relação entre o sujeito e a realidade que ele pretende alterar.

Melhor dizendo, não há conhecimento teórico, por mais crítico e substancial que seja, qualificado, capaz de se transmutar imediatamente em prática, assim como não há teoria que prescinda da ação do sujeito para alterar a realidade social. Portanto, as técnicas, os procedimentos e os instrumentos são elementos imprescindíveis à ação dos profissionais e não são em si conservadores, progressistas ou revolucionários, mas comportam, traduzem diferentes e até antagônicos vieses do pensamento e projetos profissionais.

Esses são argumentos que me levam a ratificar a importância desta coletânea, sua contribuição face à lacuna na literatura do Serviço Social de discussões voltadas para o aparato técnico-operacional, o que é significativamente sentido em uma profissão interventiva como o Serviço Social.[3]

Avalio que o percurso histórico da profissão nos permitiu avançar sobremaneira na decifração da realidade social, na compreensão crítica do "solo histórico" que determinou a emersão do Serviço Social e do seu objeto de estudo/intervenção. Dessa maneira, se cabe prosseguir, isso significa enriquecer nossas pesquisas, considerando o trabalho profissional cotidiano, os objetivos, as condições e os meios de trabalho nas instituições e, por conseguinte, não negligenciar o "como fazer", o como lidar com as mediações e os meios que nos possibilitam atuar, de maneira compromissada, com uma perspectiva emancipatória, conforme referenda o atual Projeto Ético-Político Profissional brasileiro.

Nessa lógica de raciocínio, cabe clareza de que o Serviço Social é uma profissão interventiva e de que este âmbito da profissão não se limita ao discurso — por mais elaborado que seja — ou à mera intencionalidade. Indiscutivelmente, mesmo que de modo particular — profissional —, como nas demais esferas da vida social, também é imprescindível à profissão a ação do sujeito (profissional), se este pretende alteração da realidade, considerados, obviamente, as condições objetivas e os condicionantes que se colocam às alternativas de ação face às situações concretas.

Valeria Forti
Assistente Social e Profa. Adjunta da Faculdade de Serviço
Social da Universidade do Estado do Rio de Janeiro — UERJ.

---

3. Vem sendo ampliado o número de pesquisadores e autores que se dedicam à discussão dessa temática. Contudo, ainda podemos considerá-la como exígua na produção da profissão.

APRESENTAÇÃO

> O grande desafio na atualidade é, pois, transitar da bagagem teórica acumulada ao enraizamento da profissão na realidade, atribuindo, ao mesmo tempo, uma maior atenção às estratégias, táticas e técnicas do trabalho profissional, em função das particularidades dos temas que são objeto de estudo e ação do Assistente Social (Iamamoto, 1998, p. 52).

Este livro contém uma coletânea de textos elaborados, originalmente, para o simpósio[1] "A dimensão técnico-operativa no serviço social: desafios contemporâneos na formação profissional do assistente social frente aos novos padrões de proteção social", realizado nos dias 31 de agosto e 1º de setembro de 2009, na Faculdade de Serviço Social da Universidade Federal de Juiz de Fora (FSS/UFJF). Financiado pela Fundação de Amparo à Pesquisa de Minas Gerais — FAPEMIG, o evento contou com a participação dos professores

---

1. Esse simpósio, representou uma das atividades da pesquisa "Os instrumentos e técnicas na intervenção profissional do assistente social", que integra o grupo de pesquisa Serviço Social, Movimentos Sociais e Políticas Públicas. Este grupo faz parte do PROCAD UFPE, UFAL, UFRJ e UFJF, constituindo-se em uma das atividades fruto desse programa. Este livro foi financiado pelo PROCAD/CAPES.

Alexandra Eiras, Carina Berta Moljo, Cláudia Mônica dos Santos, Cristina Simões Bezerra e Rodrigo Souza Filho (FSS/UFJF), Sheila de Souza Backx e Yolanda Guerra, da Escola de Serviço Social da Universidade Federal do Rio Janeiro (ESS/ UFRJ), Hélder Boska de Moraes Sarmento, do curso de Serviço Social da Universidade Federal de Santa Catarina (FSS/UFSC), Rosa Lúcia Prédes Trindade, da Faculdade de Serviço Social da Universidade Federal de Alagoas (FSS/UFAL), e Valéria Forti, da Faculdade de Serviço Social da Universidade Estadual do Rio de Janeiro (FSS/UERJ). Além dos professores, estiveram presentes também 22 assistentes sociais dos CRAS (Centro de Referência de Assistência Social) de Juiz de Fora, três assistentes sociais de Unidades Básicas de Saúde do município e doze alunos, bolsistas de iniciação científica da FSS/UFJF.

O simpósio, que teve como objetivo principal contribuir com a produção teórica e bibliográfica relacionada à dimensão técnico-operativa no serviço social, tendo em perspectiva o desenvolvimento do exercício profissional com competência ético-política, teórico-metodológica e técnico-operativa, tomou como referência a intervenção do assistente social no Sistema Único de Assistência Social. Sua organização se estruturou a partir de textos, distribuídos para os participantes como leitura prévia que subsidiaria e orientaria os debates, elaborados por professores convidados, denominados debatedores. São justamente esses textos que, revisados com base nas discussões feitas durante o simpósio, são aqui apresentados.

A proposta de cada texto se fundamentou nos três eixos temáticos do evento, a saber: *a dimensão técnico-operativa e o exercício profissional: estudo teórico; os instrumentos e técnicas como um dos elementos da dimensão técnico-operativa da intervenção profissional; o desenho da política de assistência social hoje e a dimensão técnico-operativa no serviço social.* O simpósio ocorreu em quatro sessões, uma relacionada a cada eixo e uma de síntese final, na qual se apontaram dissensos, consensos, encaminhamentos, enfim, os resultados das três sessões anteriores.

A ampliação do debate sobre a dimensão técnico-operativa no serviço social e, dentro dessa dimensão, o foco em um de seus elementos, no caso, os instrumentos e técnicas de intervenção, têm-se colocado como extremamente relevantes e necessários. A pouca produção acerca desse tema na direção do projeto ético-político que orienta a profissão na atualidade configura uma lacuna, como aponta, por exemplo, o artigo "Estado da arte sobre os instrumentos e técnicas na intervenção profissional do assistente social — uma perspectiva crítica".[2]

Ao longo do tempo, têm sido observados equívocos no tratamento da dimensão técnico-operativa, tanto no que tange à formação quanto no que tange ao exercício profissional. Um rápido olhar sobre a historiografia da profissão mostra que, na década de 1970, delegava-se a essa dimensão a responsabilidade exclusiva pela competência profissional, em especial, aos instrumentos e técnicas; já na década de 1980, ela passa a um segundo plano, atribuindo-se apenas ao conhecimento teórico a responsabilidade pela competência profissional.

Com a aprovação do projeto de formação profissional de 1996, a categoria vem situar de forma mais precisa o que entende por competência profissional, qual seja, uma competência nas três dimensões da intervenção: a teórico-metodológica, a ético-política e a técnico-operativa. Essa proposta de formação é considerada inovadora por destacar aspectos como a centralidade da dimensão interventiva e da dimensão investigativa, o caráter estruturador da dimensão ética para todo o processo de formação e a concepção de unidade entre as dimensões. Segundo o projeto, "a formação profissional é um processo de qualificação teórico-metodológico, técnico e ético-político para o exercício dessa especialização do trabalho coletivo" (ABEPSS/CEDEPSS, 1996, p. 163).

A despeito desses novos pilares, pode-se dizer que são incipientes ainda a produção acadêmica e a organização de fóruns de debates da profissão voltados para as reflexões sobre a dimensão técnico-operativa. Os professores que ministram componentes curriculares, cuja

---

2. Esse artigo encontra-se publicado em: FORTI, V.; GUERRA, Y. *Serviço Social:* temas, textos e contextos. Rio de Janeiro: Lúmen Júris; Coletânea Nova de Serviço Social, 2010.

matéria diz respeito à operacionalização, aos conhecimentos procedimentais, se ressentem do escasso material com um referencial teórico crítico sobre essa dimensão e, principalmente, sobre os instrumentos e técnicas de intervenção.

A dificuldade no trato dessa temática em sala de aula propiciou a parceria entre a UFJF e a UFRJ, às quais também se agregaram a UFAL e a UFSC, no sentido de buscar a construção de um acúmulo teórico pertinente ao debate, partindo de pesquisas e estudos em andamento nessas unidades de formação acadêmica. O simpósio mostra os resultados dessa parceria.

Assim, esta coletânea traz como fio condutor o debate sobre a dimensão técnico-operativa no serviço social a partir de uma direção teórica crítica, ou seja, entendendo que essa dimensão mantém uma relação de unidade com as demais dimensões, unidade entendida como uma relação visceral entre diferentes. Elas constituem níveis diferenciados de apreensão da realidade e da profissão. Dessa forma, tratar dessa dimensão é tratar das demais, ao mesmo tempo que se destacam suas particularidades. Aqui está o desafio: trabalhar a partir da concepção de unidade, mas também apontar as particularidades dessa dimensão, ou seja, não perder a concepção de totalidade que perpassa a discussão sobre e do serviço social.

A coletânea traz os textos apresentados e debatidos no simpósio, devidamente revistos pelos autores após o evento, cujos conteúdos contemplam os três eixos anteriormente citados. Cabe aqui um esclarecimento: o terceiro eixo proposto, na verdade, se restringia a algumas configurações da política de assistência social em Juiz de Fora. Foi necessário, portanto, uma adequação para os fins desta coletânea, apresentando esse eixo no formato mais abragente em que foi debatido. Alguns textos elaborados e debatidos no simpósio mas recentemente publicados em outras fontes não integram esta coletânea.

Esta coletânea inicia-se com o texto "A dimensão técnico-operativa do serviço social: questões para reflexão", produzido a partir da transcrição das fitas gravadas nos dois dias do simpósio, com uma síntese das questões que foram problematizadas durante o evento.

A coletânea traz, ainda, um artigo que aborda temas que não puderam ser aprofundados nos debates naquele momento, mas que foram considerados como de grande interesse. São eles: *a relação entre a dimensão* técnico-operativa *e a cultura profissional.*

Sabemos que o debate que motivou o simpósio não se esgota aqui, por isso desejamos que, no percurso desta leitura, o leitor possa somar conosco, problematizando a intervenção profissional na contemporaneidade a partir de uma perspectiva crítica que leve em consideração as mudanças no mundo do trabalho e suas particularidades na intervenção profissional do assistente social.

Juiz de Fora e Rio de Janeiro, novembro de 2011

Cláudia Mônica dos Santos,
Sheila Backx
Yolanda Guerra

Referências

ABEPSS/CEDEPSS. *Serviço Social e Sociedade*, São Paulo: Cortez, n. 50, 1996.

IAMAMOTO, M. V. *O Serviço Social na contemporaneidade:* trabalho e formação profissional. 10. ed. São Paulo: Cortez, 1998.

A DIMENSÃO TÉCNICO-OPERATIVA DO SERVIÇO SOCIAL:
questões para reflexão

Cláudia Mônica dos Santos
Rodrigo de Souza Filho
Sheila Backx

O presente artigo tem por objetivo apresentar o conjunto de questões que os textos elaborados pelos convidados suscitou nos participantes do simpósio "A Dimensão técnico-operativa no Serviço Social: Desafios Contemporâneos na Formação Profissional do Assistente Social Frente aos Novos Padrões de Proteção Social". Desta forma, buscou-se apresentar o debate a partir dos eixos estruturantes do próprio evento, sinalizando-se consensos, dissensos e questões que ainda requerem maior amadurecimento, conforme elucidado na apresentação desta coletânea.

A metodologia do simpósio coloca uma dificuldade adicional para a elaboração deste texto, que diz respeito à forma em que os temas foram abordados: de modo dinâmico e articulado, dificultando, portanto, sua reordenação pelos temas dos eixos. A apresentação da discussão não reflete a cronologia em que ela se deu, na medida em que as questões reapareceram em todos os momentos do evento.

Considerando-se a oportunidade de revisão dos textos originariamente apresentados para o simpósio, algumas discussões aqui sinalizadas receberam um tratamento diferenciado no texto final de cada autor. De qualquer modo, esse foi mais um risco conscientemente assumido pelos organizadores desta síntese, na medida em que fica o registro do processo de discussão sobre a dimensão técnico-operativa do trabalho profissional — que, entende-se, ainda está longe de ser esgotada na perspectiva aberta pelo Projeto de Formação Profissional e Diretrizes Curriculares para o curso de Serviço Social aprovados em 1996, em assembleia geral da ABESS (Associação Brasileira de Ensino em Serviço Social), hoje, ABEPSS (Associação Brasileira de Ensino e Pesquisa em Serviço Social).

A partir dessas considerações e seguindo os eixos do simpósio, este artigo está assim constituído: uma primeira seção, que trata da dimensão técnico-operativa: concepção, elementos constitutivos, relação com as demais dimensões. Uma segunda seção, que trata dos instrumentos e técnicas como um dos elementos da dimensão técnico-operativa: seu significado, os principais instrumentos utilizados, o ensino dos instrumentos. E, por fim, um terceiro item, que problematiza a dimensão técnico-operativa e os instrumentos da intervenção a partir da inserção profissional na área da assistência social.

1. A dimensão técnico-operativa e o exercício profissional: estudo teórico

A organização do evento propôs como aspectos a serem detalhados os elementos constitutivos da dimensão técnico-operativa, bem como a sua relação com as demais dimensões e mediações necessárias entre as dimensões.

A dinâmica da discussão inverteu essa ordem e o debate sobre a relação da dimensão técnico-operativa com as demais dimensões do exercício profissional foi o aspecto privilegiado no início do simpósio. É nesta sequência, portanto, que serão apresentadas as principais questões colocadas.

1.1 A relação da dimensão técnico-operativa com as demais dimensões do exercício profissional

Uma premissa comum diz respeito à concepção de que o exercício profissional se constitui em uma totalidade, formada pelas três dimensões, a saber: teórico-metodológica, ético-política e técnico-operativa, que mantêm uma relação de unidade, apesar de suas particularidades. Particularidades essas que permitem que a dimensão técnico-operativa se constitua na "forma de aparecer" da profissão, na dimensão "pela qual a profissão é conhecida e reconhecida". Ela é o "modo de ser" da profissão, o modo como aparece no movimento das três dimensões[1].

Tal característica permitiria reconhecê-la até mesmo como uma "síntese" do exercício profissional, pois é composta também pelo conhecimento da categoria, pelas qualidades subjetivas dos agentes, pelas condições objetivas do trabalho, pelo projeto profissional, pela ética, pelos valores. Portanto, discutir tanto o instrumental técnico-operativo em particular como a dimensão técnico-operativa como um todo, implica discutir o trabalho profissional como resultado daquela totalidade.

O debate do trabalho profissional enquanto uma totalidade que envolve as dimensões teórico-metodológica, ético-política e técnico-operativa foi pautado, também, pela necessidade de definir de forma mais precisa as dimensões que constituem tal trabalho. Esta questão

---

1. Ver texto de Guerra, "A dimensão técnico-operativa do exercício profissional", nesta coletânea.

se explicitou na medida em que alguns autores[2], por vezes, incluíam outros elementos como constitutivos das dimensões do exercício profissional. Além das dimensões assinaladas acima, são acrescentadas as dimensões investigativa, interventiva e formativa.

Neste sentido, houve uma proposição para entender que o exercício profissional se expressa através de ações interventivas, formativas e investigativas e que a efetivação de cada uma dessas expressões do exercício profissional é constituída pelas dimensões teórico-metodológica, ético-política e técnico-operativa. Dessa forma, não se confundiriam registros distintos: as expressões do exercício profissional — interventiva, investigativa e formativa — com as suas dimensões constitutivas — teórico-metodológica, ético-política e técnico-operativa.

Pensar o exercício profissional a partir dessas três dimensões coloca a possibilidade de entender o significado social da ação profissional — formativa, interventiva e investigativa. Pensá-las de modo articulado e orgânico, mas reconhecendo a particularidade de cada uma, permite entender o papel da teoria como possibilidade, uma vez que leva ao conhecimento da realidade, indica caminhos, estratégias, bem como o instrumental técnico-operativo que deve ser utilizado e como deve ser manuseado. Implica, portanto, pensar a relação que se estabelece entre teoria e prática, com as mediações necessárias para que a finalidade ideal, através da intervenção, possa se constituir em finalidade real, objetiva[3].

Neste sentido, duas observações foram destacadas. A primeira é a necessidade de qualificação da intervenção para além do simples manejo dos instrumentos e técnicas que usualmente o assistente social emprega em seu trabalho, bem como do domínio dos instrumentos e normas que hoje determinados setores da política social estão a exigir dos vários profissionais que a operacionalizam nos mais diferentes serviços. A segunda é a necessidade de se pensar e, preferencialmente, discutir, com o conjunto dos profissionais da organização,

---

2. A título de exemplo: Cassab (2000), Silva e Silva (1995), Guerra (2009).

3. Para aprofundar o tema, ver Santos (2010).

o trabalho sistematicamente realizado, pois pensar o trabalho faz parte da busca de superação do instituído no cotidiano profissional.

Outra questão levantada diz respeito à tensão existente acerca do Projeto Ético Político (PEP) do Serviço Social. O campo do exercício profissional é o campo dos direitos/da emancipação política, o qual possui como determinação central a racionalidade burguesa. O PEP tem como diretriz a emancipação humana, o campo da liberdade, no qual a determinação central encontra-se em uma perspectiva de sociedade sem exploração, em que o "livre desenvolvimento de cada um é a condição para o livre desenvolvimento de todos" (Marx, 1998, p. 31).

Para enfrentar a tensão explicitada, necessariamente, duas questões precisam ser aprofundadas. A primeira delas refere-se à necessidade de compreender teoricamente, de forma mais aprofundada, o significado, a partir de Marx (2010), de emancipação política e emancipação humana. Decorrente desta reflexão, torna-se necessário enfrentar a polêmica sobre a relação existente entre emancipação política e emancipação humana (Coutinho, 1997; Lessa, 2007), como forma de estabelecer a relação entre o exercício profissional e o PEP, para que se possam identificar as ações, finalidades e objetivos possíveis da ação do assistente social.

1.2 Elementos constitutivos da dimensão técnico-operativa

A rigor, esta perspectiva esteve presente em todos os eixos de estruturação do simpósio, posto ser impossível separá-la dos outros eixos. Neste sentido, para fins de clareza textual, várias questões discutidas ao longo do simpósio se fazem aqui presentes, também.

Como premissa comum aos participantes do simpósio estava o entendimento de que a dimensão técnico-operativa não pode ser reduzida à questão dos instrumentos e técnicas. Ela mobiliza as dimensões teórico-metodológicas — para analisar o real e investigar novas demandas — e ético-políticas — permitindo avaliar prioridades, as alternativas viáveis para a realização da ação, bem como projetar a ação em função dos valores e finalidade e avaliar as consequências da ação —, além das condições objetivas do trabalho e as condições subjetivas dos agentes profissionais. Acioná-la de modo consequente implica, também, considerar as demandas colocadas pela população.

Com essa concepção sobre a dimensão técnico-operativa, vale ressaltar que até mesmo o que se denomina de instrumental técnico-operativo ultrapassa as técnicas e os instrumentos; ele incluiria o conjunto das ações e procedimentos adotados pelo profissional, visando à consecução de uma determinada finalidade, bem como a avaliação sistemática sobre o alcance dessas finalidades e dos objetivos da ação. Aí se encontram, portanto, estratégias, táticas, instrumentos e técnicas, conhecimentos específicos, procedimentos, ética, cultura profissional e institucional, particularidades dos contextos organizacionais. Reduzir a dimensão técnico-operativa ao instrumental técnico-operativo significa, portanto, reduzi-la a um estatuto meramente formal, compatível com os ditames da racionalidade burguesa.

Como questão para se continuar o debate está a necessidade de definir com maior precisão os elementos constitutivos da dimensão técnico-operativa. Neste sentido, indicou-se como um possível caminho aprofundar a relação entre ações profissionais — procedimentos — instrumentos[4]. As *ações profissionais* teriam uma abrangência maior e expressariam o fazer profissional: orientar, encaminhar, avaliar, estudar, planejar e outras ações previstas como competências e atribuições na legislação profissional, que é desenvolvido em um *serviço* prestado pela instituição que pode ter variadas formas (como o plantão, por exemplo).

Para desenvolver essas ações, o profissional lança mão de ferramentas que são os instrumentos. Os procedimentos são os conjuntos de atividades que o profissional realiza, mobilizando esses instrumentos. Neste sentido, os procedimentos podem ser de caráter individual,

---

4. Ver artigo de Trindade, nesta coletânea.

coletivo e administrativo-organizacional e não se confundem com as ações desenvolvidas pelos profissionais e nem, necessariamente, com a intervenção profissional.

No entanto, tendo como perspectiva a concepção apresentada, poderíamos arriscar como ponto de partida para o aprofundamento exigido, a partir dos debates realizados, que a dimensão técnico-operativa é constituída dos seguintes elementos: as estratégias e táticas definidas para orientar a ação profissional, os instrumentos, técnicas e habilidades utilizadas pelo profissional, o conhecimento procedimental necessário para a manipulação dos diferentes recursos técnico-operacionais, bem como a orientação teórico-metodológica e ético-política dos agentes profissionais.

Outro tema que merece destaque refere-se à questão da demanda. Este tópico teve sua discussão ancorada pela concepção de cotidiano de Agnes Heller (1989)[5]. O cotidiano, compreendido como o espaço em que se realiza a intervenção, nos permite pensar na forma como as demandas chegam às instituições e aparecem para o assistente social: imediatizadas, fragmentadas e heterogêneas. Se a percepção do profissional não ultrapassar essa forma, ou seja, não refletir sobre como essa forma se apresenta, sem refletir sobre suas determinações e conexões, implicará uma utilização do instrumental técnico-operativo de modo conservador, sobretudo em função do significado e das características contraditórias das organizações/serviços nos quais os assistentes sociais exercem suas atividades profissionais: com uma lógica de intervenção (pública) sobre as expressões da questão social, interferindo sobre o cotidiano especialmente dos trabalhadores pobres (âmbito privado).

Uma chave da questão, portanto, diz respeito ao modo como os profissionais lidam com essas demandas. É necessário entender o espaço onde o exercício profissional se realiza, como as demandas chegam ao serviço, as necessidades apresentadas pelos usuários e como

---

5. Ver artigo de Guerra, "A dimensão técnico-operativa do exercício profissional", nesta coletânea.

a política social se operacionaliza na organização. Portanto, lançar mão do instrumental técnico-operativo sem entender o conjunto de mediações necessárias faz com que a "resposta" profissional fique aquém das possibilidades de uma ação consciente, crítica e competente.

2. Os instrumentos e técnicas como um dos elementos da dimensão técnico-operativa

Neste eixo foram identificados como subitens necessários: o significado dos instrumentos e técnicas; os principais instrumentos de intervenção profissional; o ensino da dimensão técnico-operativa, em especial dos instrumentos e técnicas utilizados pelos assistentes sociais.

Aprimeiragrandeobservação emrelação aesteitemdizrespeito ao grande "incômodo" que existe no trato da dimensão técnico-operativa e, principalmente, aos instrumentos e técnicas. Defende-se que essa dimensão do exercício profissional merece atenção, tanto quanto a que se confere às outras dimensões e outras questões relacionadas ao trabalho profissional — até mesmo para evitar os equívocos de nossa herança intelectual e cultural, no trato desta questão.

2.1 Significado dos instrumentos e técnicas

Apesar do reconhecimento da necessidade de se discutir, também, a dimensão técnico-operativa, o instrumental técnico-operativo e os instrumentos e técnicas, isso não significa uma hipervaloração destes últimos, ao contrário, reconhece-se a importância de situá-los em sua condição fundamental: são elementos que efetivam tanto as finalidades como a direção social das ações predefinidas pelos profissionais. Não se constituem, portanto, nas respostas profissionais em si.

É através do uso competente e crítico dos instrumentos — portanto, conscientemente parametrado nas demais dimensões do exercício profissional — que as respostas são dadas; mas eles não se confundem, nem podem ser confundidos, com as respostas profissionais. Neste sentido, os instrumentos e o conjunto do instrumental técnico-operativo colocam em movimento as demais dimensões do exercício profissional.

Em relação a este item foi também destacada a relativa autonomia dos meios em relação aos fins. Usar um instrumento que tenha surgido em determinado contexto histórico, com uma determinada finalidade e direção social, não necessariamente o inviabiliza de ser empregado em outro contexto histórico, com outra finalidade e direção. Isso é o que permite recorrer a determinados meios que têm uma origem tradicional conservadora e identificar elementos desses meios e fins que podem ser incorporados em outra direção teórica e social.

Durante o debate, não houve consenso sobre a possibilidade de se considerar os instrumentos e técnicas como mediações. A tendência foi a de entendê-los como elementos da dimensão técnico-operativa que viabilizam, materializam, objetivam projetos, efetivando as ações profissionais no conjunto das relações sociais. Assim, os instrumentos, enquanto elementos constitutivos da dimensão técnico-operativa, estão vinculados a uma fundamentação teórica e a uma determinada direção ético-política, configurando-se como ferramentas para o desenvolvimento dos procedimentos exigidos no exercício profissional.

2.2 Os principais instrumentos de intervenção profissional

Este ponto do simpósio mereceu destaque especial em função do que pode ser considerado como instrumento. Como consenso, entendeu-se que os instrumentos utilizados pelo Serviço Social não foram por ele criados, há uma discussão acumulada no âmbito da profissão, ainda que situada em outro contexto histórico e ancorada nas Ciências Sociais e Humanas. Tal reconhecimento aponta para a necessidade de apropriação da discussão até então produzida, para avançar no sentido definido no Projeto de Formação Profissional em vigor.

Neste tópico do simpósio, o debate foi iniciado pelo consenso de que a intencionalidade teórica dos instrumentos oferece uma direção que pode contribuir com a ruptura de práticas conservadoras. Para fins didáticos, serão recuperados também, nesta seção, consensos e dissensos a partir da definição de cada instrumento[6], porém na ordem que apareceram no debate.

O primeiro instrumento a ser comentado foi a *observação*. Não houve dissenso em relação ao entendimento da observação como um instrumento que o profissional, efetivamente, emprega no exercício profissional, implicando um conjunto de reflexões que permite compreender o mundo no qual se está inserido; assim, permite uma compreensão diferenciada com a finalidade de superar a fragmentação, com vista a reconstruir a totalidade.

No que diz respeito ao *relacionamento*, há polêmica em considerá-lo ou não como um instrumento. No debate, a justificativa a favor dele como instrumento foi o argumento de que o relacionamento tem uma intencionalidade e dele se vale sistematicamente o assistente social no exercício profissional. Além de sempre presente em qualquer forma de atendimento à população usuária, a partir dele é possível se estabelecer (ou não) relações mais ou menos democráticas, mais ou menos autoritárias, de dependência ou autonomia, ou seja, é através do relacionamento que se estabelece ou não essas relações.

No campo do dissenso, o ponto comum foi a aceitação do relacionamento a partir das seguintes compreensões: como resultado dos procedimentos profissionais, como algo que se almeja alcançar no processo de atendimento e ainda como componente do exercício profissional.

A *abordagem* também foi problematizada e polemizada na mesma direção que o relacionamento. Ela é vista como um canal de comunicação com a população, como um primeiro contato, no sentido de se criar uma possibilidade de ligação dentre os diferentes espaços. Essa

---

6. Para esta seção ver texto de Sarmento, "Instrumental técnico e o Serviço Social", nesta coletânea.

proposta também implicou aquilo que denominamos de dissenso, posto que, apesar de não haver discordância em relação à definição apresentada, não houve consenso no que diz respeito ao fato de a abordagem poder ser considerada um instrumento. Ela tendeu a ser entendida como um componente do trabalho do profissional, que faz parte dos procedimentos, mas não se caracterizando como um instrumento específico.

Já a *entrevista*, consensualmente entendida como um instrumento, é empregada quando se faz necessário entender um pouco mais sobre o usuário, seus questionamentos, queixas, manifestações, objetivando o alcance de determinadas finalidades, com dada direção. A entrevista, assim, também poderia mobilizar outras ações profissionais e outros procedimentos.

Na sequência, foram discutidos o *grupo* e a *reunião* — polêmicos tanto no que diz respeito à busca de seu entendimento, quanto à forma de compreendê-los no conjunto do exercício profissional, bem como na sua utilização.

Há a tendência de se tratar a reunião como instrumento e o grupo como "prática" — no sentido de corresponder à ideia de procedimentos coletivos[7]. Advogou-se que o grupo implica um conjunto de atividades, sendo a reunião um dos instrumentos do grupo. Considera-o instrumento porque socializa interesses que estão em jogo, as relações entre os seus membros, sendo empregado para dar visibilidade e para trabalhar com estas relações de poder, bem como com a socialização de determinadas informações. Alertou-se, ainda, para o fato de que na bibliografia o grupo é referenciado como instrumento, como prática, como abordagem e até mesmo, de modo restrito, como dinâmica de grupo.

Houve consenso no que diz respeito ao entendimento da reunião como instrumento. Mas, em relação ao grupo, várias questões foram levantadas. Uma delas diz respeito à compreensão do trabalho com grupos como uma estratégia, em função de assumir no Serviço Social

---

7. Ver a discussão no texto de Trindade, na presente coletânea.

um caráter sócio-educativo[8]. Assim, o trabalho com grupos pode ser realizado de diferentes modos, utilizando diferentes técnicas, diferentes instrumentos, que serão escolhidos de acordo com a intencionalidade do profissional, que não é dada, apenas, pelo referencial teórico, mas, também, pela demanda, pela instituição, pelas necessidades reais do usuário.

Foram ainda lembradas as restrições que tradicionalmente são feitas em relação às denominadas dinâmicas de grupos, pois podem coibir o que, efetivamente, o grupo tem necessidade de dizer e que precisa ser trabalhado.

Outra observação diz respeito ao fato de que pesquisas em andamento apontam uma baixa incidência no uso dos procedimentos e instrumentos de caráter coletivo. No debate, foram levantadas algumas hipóteses para essa diminuição, tais como a insegurança para realizá-lo, sob a alegação da dimensão política que envolve. No entanto, foi lembrado que, mesmo quando se realiza uma entrevista, a dimensão política também está presente. Foi comentado ainda que, quando o assistente social se furta ao trabalho com grupos ou reuniões, outros profissionais assumem o espaço, conferindo outra direção ao trabalho.

Em síntese, a discussão que envolveu a questão do grupo coloca a necessidade de elencá-lo como um tema para amadurecimento entre os participantes do simpósio.

Na sequência, foi discutida a questão da *informação*. O uso do termo informação foi justificado tendo em vista a dificuldade em precisar o momento no qual se utiliza a comunicação e a linguagem, optando assim por defini-la como informação que tradicionalmente era tratada como *documentação*. Defende-se que a ideia de informação é mais abrangente que a de documentação, pois não se trata somente de documentar e registrar. A informação levaria em conta tanto a parte da linguagem verbal, não verbal e escrita, necessitando garan-

---

8. Conforme texto de Eiras, nesta coletânea.

A DIMENSÃO TÉCNICO-OPERATIVA NO SERVIÇO SOCIAL

tir um fluxo de socialização de conhecimentos. Neste quesito, também não houve consenso e se apresentou a ideia de entendê-la como componente da ação profissional.

A seguir, foi apresentada a concepção de *visita domiciliar*. A discussão sobre esse instrumento — consensualmente assim reconhecido — girou em torno dos cuidados que devem ser adotados quando da sua utilização. Recomenda-se que seja utilizado como uma afirmação de direitos e com muito cuidado, pois significa adentrar no espaço privado das pessoas, das famílias. Não se pode esquecer o contexto de sua criação e das técnicas que historicamente o acompanharam. Portanto, a utilização da visita domiciliar, além de cercada de cuidados relativos à realização em si, também deve ser muito bem justificada e contextualizada.

Vale registrar que, no contexto do debate, foi também mencionado o *encaminhamento* — entendido consensualmente não como instrumento, mas, para muitos, como uma ação. Tal entendimento justifica-se, por um lado, pelo fato de que o encaminhamento mobilizaria vários instrumentos, não é uma ferramenta e também por constar do rol de atribuições profissionais; por outro, pelo seu real significado de colocar o usuário na rede de serviços.

Esta seção foi finalizada com um consenso sobre a necessidade de se repensar o conjunto de questões debatidas, sendo sugerido que o eixo de reflexão seja a relação entre ação, procedimentos e instrumentos, tido como um caminho promissor para uma posição a ser tomada *a posteriori*, aí incluídos os instrumentos de pesquisa e dos diferentes níveis de administração.

2.3 O ensino da dimensão técnico-operativa, em especial dos instrumentos e técnicas utilizados pelos assistentes sociais

Este tópico do programa não recebeu discussão específica, pois, a rigor, esteve presente desde o primeiro momento do simpósio.

Desde o início, já era referida a preocupação de docentes de instituições diferentes (UFRJ e UFJF) com a forma de encaminhar componentes curriculares análogos mas concebidos no conjunto de cada currículo, com formatos (disciplina e oficina), justificativas e ementas diferentes.

No decorrer do debate, essa preocupação mostrou-se comum aos docentes presentes, que comentaram, como base comum, a necessidade de se fugir dos formalismos, bem como de não tratar o instrumental separado do contexto geral de seu uso, evitando-se assim a perspectiva de um "metodologismo".

Reconheceu-se, portanto, a necessidade de se avançar na perspectiva de totalidade ao abordar os instrumentos, sem abrir mão de que os alunos se apropriem das tecnologias individuais e coletivas do exercício profissional. A premissa é de que a técnica é uma construção histórica que implica aprimoramento do instrumento; aprimoramento este que aciona o conjunto das dimensões que integram o exercício profissional. Assim, entendeu-se que se torna central tanto explicitar o que genericamente seria acervo, quanto explicitar o processo de estruturação da intervenção profissional.

Também foi consenso que o acervo historicamente utilizado pela profissão deve ser concebido como um ganho e não como um problema — ele integra a cultura profissional, e negar o formalismo não significa negar o papel que os instrumentos têm em relação à forma de organização do trabalho profissional. Para romper com o instituído, ir além das demandas institucionais, há necessidade de se pensar técnicas e instrumentos a partir do contexto no qual se dá o exercício profissional, sendo, portanto, fundamental pensá-los a partir da análise, da leitura de realidade, dentro dos valores e daquilo que necessita ser mobilizado.

Foi comentada a experiência docente na residência multiprofissional em saúde na UFSC, cujos alunos — especialmente os de outras áreas — demandaram uma discussão sobre visita domiciliar. Discutiu-se a concepção de visita, cuidados para sua realização, a necessidade de situar bem o bairro e o perfil dos usuários, no contex-

A DIMENSÃO TÉCNICO-OPERATIVA NO SERVIÇO SOCIAL

to do Programa Saúde da Família. Instrumentos e as técnicas que os (re)criam não podem ser ensinados como receitas de bolo ou manuais, em função da necessidade da mediação entre teoria e prática.

Evidentemente, alunos e profissionais podem apresentar dificuldades, principalmente em função de certos setores da política social que criaram instrumentos que estão normatizando a área, exigindo dos profissionais a utilização de outros instrumentos que não os da herança profissional. Ratificou-se que essas exigências institucionais não se confundem com a qualificação profissional que se espera em nível de formação profissional: conhecer a política não é somente conhecer as regras e normas que orientam a intervenção profissional em determinado setor. O exercício profissional tem que estar acima desses elementos que compõem o cotidiano da intervenção.

Foi ainda mencionada a necessidade de, no âmbito das instituições de ensino, se dedicar mais tempo às discussões pedagógicas visando à integração curricular horizontal e vertical, pois o não enfrentamento dessa questão pode resultar em orientações díspares, e, também, na fragmentação de aspectos da totalidade que dificultam a percepção do todo por parte do estudante. A não discussão das três dimensões de modo articulado foi considerada como um problema a ser, ainda, resolvido.

Outra questão abordada foi a necessidade de discutir, no âmbito da formação profissional, os temas que compõem os eixos dos fundamentos da vida social, da formação sócio-histórica do Brasil e dos fundamentos do trabalho profissional, como indissociáveis entre si, em uma relação de horizontalidade, ao mesmo tempo em que expressam "níveis diferenciados de apreensão da realidade social e profissional, subsidiando a intervenção do Serviço Social" (ABESS/ CEDEPSS, 1997, p. 64). Portanto, o ensino da prática ocorre nos três eixos, os conteúdos devem ter a preocupação de mostrar a vinculação entre teoria, realidade e as possibilidades de intervenção profissional em diferentes contextos e momentos históricos (Ferreira, 2004, p. 29).

É consensual que a incorporação da teoria social crítica trouxe enormes avanços para o Serviço Social como orientação teórico-metodológica, mas a teoria não se expressa de forma direta no exercício profissional, ainda mais se tratarmos, especificamente, da dimensão técnico-operativa. Afinal, são dimensões diferentes que conformam uma unidade, como afirmado anteriormente.

3. A dimensão técnico-operativa do Serviço Social na Política de Assistência Social

O objetivo deste item foi marcar as implicações que as mudanças recentes no contexto da política social brasileira — mais especificamente na Assistência Social — têm colocado, enquanto novos desafios e novas requisições para os profissionais que nela atuam.

Evidentemente, essas mudanças conferiram alterações nas organizações, nos serviços, criando situações de trabalho novas para o assistente social, seja do ponto de vista das demandas, seja pela precarização das condições de trabalho profissional. Neste sentido, foi chamada atenção para o fato de se ter a presença de assistentes sociais em praticamente todas as organizações, mas não necessariamente em quantidade suficiente nos postos de trabalhos.

Dentre as novas requisições, a discussão voltou-se mais para o que foi genericamente denominado de "função gerencial" ou gestão.

Houve consenso em relação ao fato de que a gestão hoje se coloca fortemente na atuação profissional, nos mais diferentes níveis: planejamento, controle, organização, direção (Tenório, 2008); mas também se reconheceu a necessidade de pensá-la de modo mais sistemático e coerente com os princípios do Serviço Social, no contexto da reforma e contrarreforma do Estado, bem como seu significado na gestão pública brasileira. Tal preocupação se justifica pela forma como a gestão é tratada no campo das ciências econômicas e como tem sido trazida para o Serviço Social.

Nesse sentido, foi destacada a necessidade de se pensar os procedimentos administrativo-organizacionais incorporando as questões

A DIMENSÃO TÉCNICO-OPERATIVA NO SERVIÇO SOCIAL

relativas à gestão, ou seja, para além daqueles procedimentos que usualmente os assistentes sociais mobilizam quando, por exemplo, mobilizam procedimentos individuais, independentemente da natureza da ação desenvolvida. Também foi ressaltada a importância desses procedimentos administrativo-organizacionais.

Outra questão levantada é a identidade profissional do assistente social que exerce atividade em nível central ou em funções não específicas de Serviço Social, como é, por exemplo, o caso dos assistentes sociais que exercem a função de sanitaristas. Entende-se como importante pensar as interseções, intermediações que estão presentes nessas situações, principalmente em um quadro de mudanças no qual as competências privativas profissionais são praticamente inexistentes.

3.1 Problematizando os resultados parciais da pesquisa

Este item do simpósio teve como referência os textos elaborados por Alexandra Eiras — que integra esta coletânea — e Cláudia Mônica dos Santos. Como este último não integra a presente coletânea, pois já foi recentemente publicado[9], aqui se fará um breve sumário não do texto, mas da forma como ele foi apresentado pela autora no debate[10].

O texto — resultado parcial da pesquisa intitulada "Os instrumentos e técnicas na intervenção profissional do Assistente Social" — tem por base material coletado em dois momentos distintos: por um lado, através de pesquisa bibliográfica sobre o debate dos instrumentos e técnicas de intervenção do assistente social entre autores

---

9. O citado artigo foi publicado originariamente com o título "O estado da arte sobre os instrumentos e técnicas na intervenção profissional do assistente social a partir de uma perspectiva crítica: elementos constitutivos do debate". In: Guerra, Y.; Forti, V. *Serviço Social*: temas, textos e contextos. Rio de Janeiro: Lúmen-Júris, 2010.

10. Em função da necessidade de melhor situar o leitor, inverteu-se, portanto, a ordem cronológica do debate.

que se orientam por uma concepção crítica. Dessa forma, procedeu-se à leitura de documentos secundários (livros, artigos, anais de eventos, dissertações de mestrado e teses de doutorado) produzidos no período compreendido entre 1990 e 2008.

Por outro lado, através do contato com assistentes sociais da área da assistência social, majoritariamente as que atuam nas políticas voltadas para o público infantojuvenil, com o objetivo de conhecer como vêm utilizando esses instrumentos: concepção a partir da qual se vem trabalhando instrumentos, habilidades e dificuldades no manuseio deles.

Na exposição, foi chamada a atenção para o fato de existirem poucos livros sobre a temática, sendo mais recorrentes os artigos e as comunicações em anais dos eventos da categoria. Foi informado pela autora, ainda, o que foi priorizado na leitura desse material encontrado: concepção de instrumentos e instrumentos mais utilizados.

Foi destacada a concepção de instrumental técnico-operativo como um conjunto articulado de instrumentos e técnicas e do aspecto relacional que se estabelece entre os dois. Instrumentos são concebidos como conjunto de meios que permitem a operacionalização da ação; a técnica aparece como a habilidade no uso destes instrumentos, como uma qualidade atribuída aos instrumentos. Possuem caráter histórico e teleológico.

Como ponto comum da literatura analisada destaca o tema do caráter de não neutralidade dos instrumentos, ou seja, instrumentos e técnicas visam a um determinado fim, implicando, portanto, o alcance de determinada eficácia e determinada eficiência — a da ordem capitalista. Desta forma, não podem ser considerados neutros.

Em relação aos instrumentos mais utilizados, foram indicados, tanto na bibliografia analisada como nas entrevistas realizadas com assistentes sociais: entrevista, visita domiciliar e pareceres. Na literatura estão presentes: o estudo social, laudos e pareceres (muito em função da produção dos profissionais do Judiciário) — motivo pelo qual o texto (bem como o debate) abordou esses instrumentos.

Como questão a ser ressaltada, foi comentada a existência de diferenças — mas não divergências — no trato do uso dos instrumentos, bem como uma base comum de recomendações sobre o cuidado no uso dos instrumentos; ou seja, recomendações comuns tanto para entrevistas, reuniões, visitas, posto que são recomendações vinculadas ao projeto ético-político profissional.

Durante a discussão, novamente foi apontada a necessidade de se pensar a relação entre meios e fins, como uma chave para o tratamento dos instrumentos e das técnicas de nossa herança profissional sob a lógica de uma nova direção teórica e social.

Outra questão levantada sobre essa apresentação diz respeito às diferentes denominações que surgem na produção em relação ao que se denominou no debate como instrumental técnico-operativo. Foi ratificada a necessidade de se precisar as diferenças e o significado dessas expressões. Ressaltou-se também a necessidade de trabalhar melhor os cuidados que são referenciados no uso de determinados instrumentos, pois retomá-los, considerando-se os contextos históricos, políticos e teóricos pode levar a identificar um conhecimento especificamente construído pela profissão.

O segundo texto-base também considerou, para fins de sua elaboração, a discussão desenvolvida durante a realização do grupo focal[11] com assistentes sociais do município de Juiz de Fora. A intenção declarada era entender o trabalho socioeducativo a partir de uma primeira análise das demandas que se apresentam aos profissionais que atuam nos diferentes Centros de Referência de Assistência Social (CRAS) do município. Sua discussão remeteu também para as dificuldades encontradas pelos profissionais presentes no simpósio para a realização de um trabalho que rompa com o instituído. Sua apresentação trouxe, novamente, questões relativas ao grupo e à reunião,

---

11. Vale ressaltar que os profissionais presentes valorizaram a realização do grupo focal, não só pela possibilidade de compartilhamento das angústias e inquietações do grupo, mas sobretudo pela reflexão que proporcionou aos participantes das três sessões. Foi também valorizado pela proposta de ação que foi apresentada no último dia de encontro aos assistentes sociais e que foi construída a partir das discussões colocadas pelo grupo.

bem como remeteu os participantes para a relação entre as dimensões do exercício profissional.

Na apresentação do texto, a autora defendeu que o grupo se refere a um modo de inserção e de construção social de práticas grupais já dadas na vida social e que implica identidades. Por esse motivo, considera não ser possível entendê-lo como instrumento pois este deve ser pensado em um contexto de relativa autonomia, mas referido à dimensão teórico-metodológica, principalmente quando se pensa na questão das finalidades, da teleologia da intervenção profissional. Já o trabalho profissional com grupos seria uma possibilidade que se constrói no âmbito das profissões para trabalhar com determinados conteúdos e com o coletivo.

No debate, a ênfase recaiu sobre o exercício profissional no âmbito da Política de Assistência Social no Município de Juiz de Fora. Foram comentadas as particularidades desse setor da política social no município, bem como seu passado recente e os avanços a partir do Sistema Único de Assistência Social (SUAS), da implantação do Programa de Ações Integradas para a Cidadania (PAIC) e do atendimento descentralizado, bem como as dificuldades ainda encontradas.

Do conjunto de dificuldades foram destacadas: a particularidade do município, no que diz respeito ao encaminhamento da política de assistência social; as limitações institucionais; as contradições institucionais e da própria política de assistência social; a falta de autonomia dos profissionais em questões consideradas cruciais; as dificuldades na utilização de determinados instrumentos, bem como a dificuldade de desenvolver um trabalho em rede, fazendo com que o usuário participe de várias atividades — muitas vezes com conteúdos semelhantes — em diferentes organizações[12].

Por outro lado, foi sinalizada a importância do estabelecimento de reuniões sistemáticas e periódicas das equipes que atuam no PAIC,

---

12. Para maior aprofundamento sobre a implementação do SUAS em Juiz de Fora ver: Bezerra, C. S. et al. Assistência social, cultura profissional e projeto ético-político do Serviço Social. In: Encontro Nacional de Pesquisadores em Serviço Social, 12., 2010. *Anais...* Rio de Janeiro, 2010.

marcando o esforço e compromisso de todos os profissionais envolvidos com o desenvolvimento de um trabalho de melhor qualidade, embora condicionado por diferentes direções sociais.

Uma primeira observação em relação às dificuldades foi a necessidade de se rever a forma de compreender as contradições institucionais e da política social. Não se trata de eliminá-las, para que se tenham as condições ideais de exercício profissional, pois isto é impossível; trata-se, portanto, de conhecê-las efetivamente, entender suas determinações para verificar a melhor forma de enfrentá-las. Só é possível vislumbrar possibilidades quando se conhece a realidade.

Ainda na discussão sobre as dificuldades, foi retomada a questão do cotidiano que pode levar a uma prática reiterativa, burocratizada, marcada pelo senso comum, tendo como consequência um exercício profissional que não é o que se pretendia realizar. Mais do que nunca, é necessário pensar as três dimensões de modo articulado, buscando um exercício profissional mais qualificado e investindo na reflexão sistemática.

Novamente foi retomada a questão da dimensão política da intervenção profissional, mesmo em atendimentos individuais. Lembrou-se também que os instrumentos não podem ser considerados como respostas às demandas colocadas pela população, eles são portadores de conteúdos definidos pelas finalidades, pela direção social que se quer imprimir à ação profissional que deve atender à demanda da população usuária do serviço.

Foi também lembrada a relação entre teoria e prática[13], posto que a intervenção mobiliza a teoria. Do mesmo modo, os docentes, ao discutirem a intervenção, mobilizam a prática. Evidentemente, o discurso do assistente social — cuja carga horária de trabalho é majoritariamente ocupada pela intervenção — pode não ter um tom de síntese, de sistematização, como, por exemplo, deve ter a fala de um docente pesquisador da universidade. Mas isso não elimina a relação teoria e prática presente no discurso dos profissionais.

---

13. Ver Forti e Guerra (2010); e Santos (2010).

Finalizando este bloco de discussão, foi comentada a necessidade de se ter clareza de que o projeto ético-político aponta para a construção de outra sociedade; sem esse entendimento haverá tensão entre o projeto profissional e o espaço organizacional no qual se exerce o trabalho profissional. A prática transformadora da sociedade não pode ser resumida à prática profissional — entendimento gerador de frustrações e desencantos.

Considerações finais

Como pode ser percebido ao longo do texto, várias questões foram pontuadas, mas não consensuadas; outras foram levantadas e sequer foram debatidas, perguntas ficaram sem respostas.

Contudo, o simpósio foi considerado um momento importante pelos participantes, tanto pela sua forma como pelo seu conteúdo — são raros os momentos em que se pode discutir o exercício profissional, em especial a dimensão técnico-operativa, e com a participação de docentes e profissionais; e, ainda, principalmente, com a possibilidade de colocar dúvidas, dificuldades e questões em condições de diálogo franco e aberto.

Do ponto de vista dos profissionais, foi comentado também que o simpósio foi importante como forma de sistematizar e levantar questões sobre a ação profissional, propiciando mais elementos para a reflexão que é desenvolvida nas reuniões de equipe, com o conjunto dos profissionais.

Como compromisso, vale destacar o aprofundamento das questões não consensuadas e as não discutidas, mas sempre ressaltando a discussão dos instrumentos e técnicas vinculada à dimensão técnico-operativa no conjunto das dimensões do exercício profissional — um caminho que pode levar à ampliação do conjunto de interlocutores.

Referências

ABESS/CEDEPSS. Diretrizes gerais para o curso de Serviço Social. In: *Cadernos ABESS*, São Paulo: Cortez, , n. 7, 1997.

CASSAB, M. A. T. Indicações para uma agenda de debates sobre o ensino da prática a partir do novo currículo. *Temporalis*, Brasília-DF, ano 1, n. 2, p. 121-132, jul.-dez. 2000.

COUTINHO, C. N. *Notas sobre cidadania e modernidade*. Praia Vermelha, Rio de Janeiro, ano 1, n. 1, p. 145-165, 1997.

FERREIRA, I. S. Boschetti. O desenho das diretrizes curriculares e dificuldades na sua implementação. In: ABEPSS. *Temporalis*. ano IV, n. 8, p. 17-30, jul./dez. 2004.

FORTI, V.; GUERRA, Y. *Serviço Social:* temas, textos e contextos. Rio de Janeiro: Lúmen Júris, 2010. (Coletânea Nova de Serviço Social.)

GUERRA, Y. A dimensão investigativa no exercício profissional. In: CFESS. *Serviço Social:* direitos e competências profissionais. Brasília: CFESS/ABEPSS, 2009, p. 701-718.

HELLER, A. *O cotidiano e a história*. Rio de Janeiro: Paz e Terra, 1989.

LESSA, S. A emancipação política e a defesa de direitos. *Serviço Social & Sociedade*, São Paulo: Cortez, n. 90, p. 35-57, jun. 2007.

MARX, K. *Manifesto do Partido Comunista*. São Paulo: Cortez, 1998.

_____. *Sobre a questão judaica*. São Paulo: Boitempo, 2010.

SANTOS, C. M. *Na prática a teoria é outra?* Mitos e dilemas na relação entre teoria, prática, instrumentos e técnicas no Serviço Social. Rio de Janeiro: Lúmen Júris, 2010.

SILVA e SILVA, M. O. *Formação profissional do assistente social*. 2. ed. São Paulo: Cortez, 1995.

TENÓRIO, F. G. (Org.). *Gestão de ONGs:* principais funções gerenciais. 11. ed. Rio de Janeiro: FGV, 2008.

A DIMENSÃO TÉCNICO-OPERATIVA DO EXERCÍCIO PROFISSIONAL

Yolanda Guerra

Introdução

Parte-se do pressuposto de que o exercício profissional do assistente social, recebendo as determinações históricas, estruturais e conjunturais da sociedade burguesa e respondendo a elas, consiste em uma totalidade de diversas dimensões que se autoimplicam, se autoexplicam e se determinam entre si. Tais dimensões, em razão da diversidade que as caracteriza, constituem-se "síntese de múltiplas determinações", ou seja, caracterizam-se como unidade de elementos diversos, que conforma a riqueza e amplitude que caracterizam historicamente o modo de ser da profissão, que se realiza no cotidiano.

Estando em sistemático processo de totalização, as dimensões que conformam a profissão não são formas fixas, tampouco podem ser consideradas de maneira autônoma, ao contrário, são instâncias interatuantes, ainda que possa haver, em situações determinadas, na realização de determinada competência e/ou atribuição profissional, o predomínio de uma sobre a outra. Tais dimensões, dado o nível de complexidade da própria realidade social na qual o assistente social atua, bem como das sequelas da chamada questão social, as quais fornecem os objetos de intervenção profissional, também se complexificam e se aperfeiçoam, pois é somente assim que a profissão torna-se capaz de dar respostas qualificadas às diferentes e antagônicas demandas que lhe chegam. Apesar do reconhecimento de que as dimensões só existem em relação umas às outras, a dimensão técnico-operativa é a forma de aparecer da profissão, pela qual é conhecida e reconhecida. Dela emana a imagem social da profissão e sua autoimagem. Ela encontra-se carregada de representações sociais e da cultura profissional. É a dimensão que dá visibilidade social à profissão, já que dela depende a resolutividade da situação, que, às vezes, é mera reprodução do instituído, e em outras constitui a dimensão do novo. Não é supérfluo lembrar que a dimensão técnico--operativa vela a dimensão político-ideológica da profissão, como aquela pela qual o Serviço Social atua na reprodução ideológica da sociedade burguesa ou na construção da contra-hegemonia. O que se pretende enfatizar é que a intervenção de natureza técnico-operativa não é neutra: ela está travejada pela dimensão ético-política e esta, por sua vez, encontra-se aportada em fundamentos teóricos, donde a capacidade de o profissional vir a compreender os limites e possibilidades não como algo interno ou inerente ao próprio exercício profissional, mas como parte do movimento contraditório constitutivo da realidade social.

Não obstante a dimensão técnico-operativa, que se constitui no modo de aparecer da profissão, como profissão interventiva no âmbito da chamada "questão social", a qual esconde seus fundamentos econômicos e políticos, apesar de necessária, se considerada de maneira autônoma, é insuficiente para dar respostas qualificadas à realidade social. Refletir sobre essa dimensão, suas possibilidades e limites no contexto das respostas às demandas e requisições socioprofissionais presentes na realidade social e a racionalidade que lhe é conexa é nosso objetivo.

1. O Serviço Social na divisão sociotécnica do trabalho: resultado de múltiplas determinações

Pela forma de inserção socioprofissional na divisão social e técnica do trabalho, o espaço reservado ao Serviço Social, como um ramo de especialização do trabalho coletivo, é o de dar respostas, buscar prontamente soluções à pluralidade de questões que lhe são colocadas, para o que necessita de fundamentos teórico-metodológicos, conhecimentos e saberes interventivos, habilidades técnico-profissionais, procedimentos teórico-metodológicos e de uma perspectiva ética com clara orientação estratégica. É a sua inserção na divisão social e técnica do trabalho da sociedade capitalista, sua localização na estrutura sócio-ocupacional e a sua funcionalidade na sociedade burguesa, construída no espaço de mediação entre classes e Estado, que atribui à intervenção um caráter político.

Na realização das suas atribuições socioprofissionais, o profissional intervém através das políticas e/ou serviços sociais, na criação de condições favorecedoras da reprodução da força de trabalho ocupada e excedente, a partir das formas de regulação social capitaneadas pelo Estado burguês, cuja natureza contraditória é permeável aos interesses da classe e/ou segmentos da classe trabalhadora.

O exercício profissional como parte do trabalho coletivo produzido pelo conjunto da sociedade opera a prestação de serviços sociais que atende a necessidades sociais e reproduz a ideologia dominante. No atendimento dos objetivos imediatos, a dimensão técnico-operativa é mobilizada. Sua instrumentalidade[1] está na "resolutividade", ainda que apenas momentaneamente e em nível imediato, das demandas apresentadas. A legitimidade social de uma profissão encontra-se nas respostas que ela dá às necessidades histórico-sociais num determinado tempo e espaço.

---

1. Lembro que a instrumentalidade da profissão depende da adequada utilização dos meios orientada aos fins visados. Como diz Chaui: "Fins éticos exigem meios éticos" (Chaui, 1994, p. 339).

É na realização da dimensão técnico-operativa da profissão que o assistente social legitima e constrói uma determinada cultura, um *éthos* profissional. É através dela que o assistente social articula um conjunto de saberes, recriando-lhes, dando-lhes uma forma peculiar, e constrói um "fazer" que é socialmente produzido e culturalmente compartilhado ao tempo em que os vários atos teleológicos dos profissionais resultam na criação/renovação de novos modos de ser desta cultura. É no desenvolvimento da dimensão técnico-operativa que o profissional constrói, reproduz códigos de orientação e um conjunto de valores e normas. Esta cultura profissional, como indicou Netto (1996b), incorpora objetos, objetivos, valores, racionalidades, técnicas, instrumentos, conhecimentos, teorias.

Apesar da sua relevância, a tematização da dimensão técnico-operativa tem sido negligenciada pela atual produção acadêmica, pela formação profissional e pelo debate da categoria; daí considerarmos necessário resgatá-la, dando-lhe o merecido espaço na cena contemporânea. Tal lacuna se explica (mas não se justifica) pelo receio de incorrer nos velhos ranços do Serviço Social tradicional. Visando enfrentar este debate, penso que o melhor caminho é aquele que busca questionar as possibilidades e limites da dimensão técnico-operativa frente às atribuições e competência socioprofissionais e políticas dos assistentes sociais, indicando a necessária articulação dessa dimensão com as demais (teórico-metodológica, ético-política, investigativa e formativa), buscando estabelecer uma unidade entre as múltiplas e diversas dimensões da profissão.

Partimos da premissa de que, para atender às necessidades próprias do cotidiano da vida dos sujeitos que buscam os serviços e as políticas sociais, o nível de instrumentalidade da dimensão técnico-operativa da profissão é suficiente. As respostas instrumentais, dadas pelos assistentes sociais, as quais atuam sobre determinado nível da realidade — o da alteração de algumas variáveis do contexto da vida dos sujeitos (Netto, 1996a) — apoiam-se em um projeto de sociedade, em um conjunto de proposições teóricas, em valores e princípios éticos, e dão uma determinada direção estratégica à intervenção profissional.

Assim, a definição sobre *o que* e *como* fazer tem que ser articulada ao *por que* fazer (significado social do profissional e sua funcionalidade ou não ao padrão dominante), ao *para que* fazer (indicando as finalidades/teleologia do sujeito profissional) e ao *com o* que fazer (com que meios, recursos e através de que mediações ou sistema(s) de mediações).

Nesta perspectiva de se entender as dimensões que dão forma e conteúdo à profissão, há que se considerar que elas só se realizam no espaço do cotidiano, e por isso encontram nesse peculiar espaço sua explicação racional, donde a necessidade de interpretá-lo à luz de uma teoria que seja capaz de revelar como se constitui este espaço, que modalidade de intervenção ele demanda, que dimensões devem ser acionadas em resposta aos seus desafios.

2. Características do cotidiano e as dimensões da profissão

Estamos considerando que há uma relação intrínseca entre a dinâmica do cotidiano e uma modalidade de intervenção socioprofissional que requisita ações instrumentais.

Como uma das esferas da vida social, o cotidiano é o lugar da reprodução dos indivíduos, sendo por isso um espaço ineliminável e insuprimível. Diz Heller (1989, p. 17-18):

> A vida cotidiana é a vida de todo homem. [...] Ninguém consegue identificar-se com sua atividade humano-genérica a ponto de poder desligar-se inteiramente da cotidianidade [...]. No cotidiano os homens tanto adquirem quanto exercitam os seus conhecimentos, as suas habilidades, ideias, sentimentos [de modo que] é adulto quem é capaz de viver por si mesmo a sua cotidianidade.

Neste sentido, afirmamos que não obstante consideramos o cotidiano uma mediação elementar entre o particular e o universal, pelas suas características, pela sua estrutura, ele limita as possibilidades de os homens se concentrarem inteiramente nas atividades que realizam, tendo em vista suas características:

1. heterogeneidade: as demandas do cotidiano são essencialmente diversas, o que exige do sujeito que oriente sua atenção totalmente a elas. Dada esta diversidade, a vida cotidiana ocupa integralmente a atenção dos sujeitos;

2. espontaneidade: é a "característica dominante da vida cotidiana" (Heller, 1989, p. 29). Em razão desta característica, os sujeitos se apropriam de maneira espontânea (e naturalizada) dos costumes, dos modos e comportamentos da sociedade, donde sua capacidade de reproduzir as motivações particulares e as humano-genéricas;

3. imediaticidade: as ações desencadeadas na vida cotidiana tendem a responder, fundamentalmente, às demandas imediatas da reprodução social dos sujeitos;

4. superficialidade extensiva: considerando as características das demandas do cotidiano, os sujeitos acabam por encaminhá-las de maneira superficial, dado que a prioridade da vida cotidiana está em responder aos fenômenos na sua extensão e amplitude e não na sua intensividade, ou seja, o cotidiano dificulta o esforço intenso, concentrado e contínuo.

Tais características adquirem particularidades no cotidiano profissional dos assistentes sociais. A heterogeneidade se expressa através das diversas e antagônicas demandas com as quais trabalhamos[2].

Outra característica da cotidianidade profissional é a espontaneidade. Dado que as demandas colocadas ao profissional são apreendidas de maneira imediata e quase irrefletida, o exercício profissional passa a se restringir ao cumprimento de rotinas institucionais, metas

---

2. Tendo em vista esta determinação do cotidiano, nem sempre é feita a distinção entre as diversas demandas presentes na intervenção, dentre as quais: a demanda imediata, mediata, aparente, real, institucional, do usuário, da profissão, urgente, emergente.

de produtividade, critérios de elegibilidade, e o profissional passa a responder mecanicamente no âmbito das determinações da instituição.

Ao espontaneísmo alia-se o imediatismo, enquanto forma de intervenção sobre o cotidiano, reforçando um tipo de resposta que tenha em si mesma certa resolutividade e que expresse uma utilidade (bem ao gosto do pragmatismo) no âmbito da reprodução social, ou seja, na reprodução dos sujeitos individuais e coletivos e das formas de sociabilidade hegemônica do mundo burguês. Do cotidiano também emana um determinado tipo de ação que tem como característica a superficialidade extensiva, tendo em vista também o tipo de demandas que a ele se apresenta. Tendo como determinações tais características, do cotidiano emana uma positividade tal que se confunde com a realidade em si. Tal positividade foi exemplarmente demonstrada por Kosik (1976), que a trata como "pseudoconcreticidade". Isso porque é no cotidiano — tanto dos usuários dos serviços quanto dos profissionais — no qual o assistente social exerce sua instrumentalidade que imperam os imediatismos. O imediatismo como uma característica própria do cotidiano, que implica na ausência de apreensão das mediações, só pode ser enfrentado através desta via: da apreensão das mediações que constituem os processos sociais e os vinculam a outros, já que estes só se explicam no seu movimento de constituição, na sua historicidade e na relação com os outros processos que se movimentam numa perspectiva de totalização.

A dinâmica, as requisições e as condições objetivas sobre as quais a intervenção se realiza não são as mais adequadas à reflexão, a partir do que muitos profissionais se limitam a apenas realizar suas tarefas. Mas o cotidiano profissional também não facilita a percepção das demais dimensões da profissão. Tudo se passa como se o exercício profissional fosse isento de teoria, de uma racionalidade, da necessidade de se indagar sobre a realidade, de valores éticos e de uma direção política e social.

Dadas as características acima mencionadas, o cotidiano profissional é pleno de requisições de cumprimento de normas, regulamentos, orientações ou decisões de superiores, os quais impõem ao profissional a necessidade de respostas a elas. Neste contexto, a prioridade é responder aos fenômenos, não importa como, disto resultando um conjunto de respostas profissionais rápidas, ligeiras, irrefletidas, instrumentais, baseadas em analogias, experiências, senso comum, desespecializadas, formais, modelares, em obediência a leis e superiores, sem a qualificação necessária para distingui-las de respostas atribuídas por leigos[3].

É inegável que o Serviço Social é uma profissão fundamentalmente operativa. O que dá esse caráter instrumental à profissão, para além do espaço que ocupa na divisão social e técnica do trabalho, é o tipo de resposta dada à sociedade: resposta que tenha necessariamente que operar uma modificação na situação, nos aspectos objetivos e/ou subjetivos. Para isso o profissional tem que manipular algumas variáveis de contexto (Netto, 1991). Refere-se, portanto, à forma pela qual a profissão responde às necessidades sociais, condicionadas que são pelo contexto social (pelas dimensões do espaço e do tempo), donde a particularidade operatória da profissão.

Dadas estas características, nem sempre nos perguntamos sobre as implicações éticas e políticas de tais respostas, nem sobre o espaço de autonomia que nos reserva este mesmo cotidiano, menos ainda sobre as novas perspectivas que nos são dadas ao acionarmos a dimensão investigativa, pois o que nos chega como demanda é a solução (ainda que restrita, parcial, temporária, pontual, fragmentária) da problemática apresentada, tratada como objeto de intervenção, e não o conteúdo, a qualidade, as implicações éticas e políticas e/ou a possibilidade das respostas profissionais.

Isso porque, na vida cotidiana, o pragmatismo na ação e no pensamento torna-se imperativo, posto que ela:

> requisita dos indivíduos respostas funcionais às situações que não demandam o seu conhecimento interno, mas tão somente a manipula-

---

3. Fica evidente a indistinção entre prática profissional e ação social, tal como a profissão no Brasil, na sua trajetória profissional, equivocadamente, tem sido concebida, em razão do seu vínculo histórico com a Igreja Católica.

ção de variáveis para a consecução de resultados eficazes — *o que conta* não é a reprodução veraz do processo que leva a um desfecho pretendido, porém, *o desfecho em si* (Netto, 2000, p. 68, grifos meus).

Aqui comparece, em toda sua expressão, a dimensão técnico-instrumental, a qual, apartada das demais dimensões, torna-se presa fácil do pragmatismo.

Ocorre que o nível do cotidiano é o nível do senso comum. Para a consciência comum, que atua nas demandas do cotidiano, a atividade prática contrapõe-se à teoria, ou, como se costuma ouvir, na prática a teoria é outra. Esta passa a ser considerada desnecessária ou um entrave à prática, compreendida como sinônimo de atividade, resultando na prática irrefletida.

A prática irrefletida (e somente ela), que analisa e intervém no cotidiano profissional, que não ultrapassa o nível da imediaticidade do cotidiano, que responde às necessidades da mera reprodução individual, estabelece uma radical distância entre a elaboração teórica e a intervenção profissional. Ao mesmo tempo em que opera uma ruptura entre meios e fins, fortalece a concepção de que não importam os meios, desde que os fins sejam alcançados. Assim, do fato de, no âmbito do cotidiano, nosso conhecimento estar voltado para as necessidades práticas, o pragmatismo infere que a verdade depende da utilidade, adequação e funcionalidade das respostas aos fins buscados: o verdadeiro é o útil[4].

Reduzir o fazer profissional à sua dimensão técnico-instrumental significa tornar o Serviço Social um meio para o alcance de quaisquer finalidades.

Tendo como critério de verdade o êxito, a eficácia da ação prática do homem, a correspondência do pensamento com seus resultados,

---

4. Gostaria de insistir que toda ação, estando os sujeitos conscientes ou não, é sempre teleológica e orientada por formulações teórico-metodológicas (racionalistas ou irracionalistas, materialistas ou idealistas, conservadoras, modernizadoras ou revolucionárias) que nos direcionam à manutenção da ordem social ou à sua transformação.

o alcance dos objetivos, a profissão fica restrita a uma de suas dimensões: a dimensão técnico-instrumental. Ela é necessária para garantir a eficácia e eficiência operatória da profissão — a sua razão de ser — ou o espaço ocupacional na divisão social e técnica do trabalho.

É usual na vida cotidiana a requisição de respostas funcionais. Esta é a esfera da vida social mais propensa à alienação, tendo em vista os mecanismos e demandas de hierarquia, imitação, espontaneísmo, probabilidade, pragmatismo, economicismo, o uso de precedentes, juízos provisórios, mímese, ultrageneralização, alguns dos quais serão desenvolvidos a seguir (Heller, 1994).

Na dimensão técnico-instrumental, procedimentos de ultrageneralização, com base na experiência, na empiria, com vistas à manipulação de variáveis do contexto dos usuários, são frequentemente adotados pelos assistentes sociais. Tais procedimentos pautam-se em uma forma de captar a realidade e de intervir sobre ela. Nestes procedimentos, a centralidade nas experiências anteriores obscurece o que a realidade em questão apresenta como novo. Baseia-se nos pressupostos teórico-metodológicos de estender os resultados da observação de alguns casos ao conjunto dos casos possíveis, comum ao método positivista. Estes procedimentos carregam a contradição, pois, se de um lado, são fundamentais para nos permitirem tal orientação, ainda que básica, na interpretação da realidade, por outro, são nefastos no que diz respeito a conhecer as particularidades de determinadas situações, posto que pressupõem que os resultados de uma determinada situação, produto de determinada experiência, possam ser validados para todas as demais.

Ao adotarmos os procedimentos de ultrageneralização no exercício profissional não nos atentamos para os supostos teórico-metodológicos que estão presentes neste procedimento, o qual pressupõe o "bem conhecido", ou seja, pressupõe que já conhecemos as situações e que este conhecimento possa ser validado para outros casos, negando a natureza dialética, tanto do ser quanto do conhecimento sobre o ser — os quais se encontram em permanente processo de constituição. Hegel (1999, p. 37) nos diz:

O bem-conhecido em geral, justamente por ser bem-conhecido, não é reconhecido. É o modo mais habitual de enganar-se e de enganar os outros: pressupor no conhecimento algo como já conhecido e deixá-lo tal como está.

Este procedimento considera, ainda, o sujeito como mero receptáculo do fato social que lhe é anterior, exterior e superior (Durkheim, 1984). Esse sujeito, contido nessa pressuposição, estaria recebendo o conhecimento sem interagir com ele, posto que, com base nesses pressupostos, trata-se de um sujeito abstrato, a-histórico, imutável, mero receptor dos fatos sociais. Na afirmação a seguir residem os limites do pensamento e da ação cotidianos:

> o pensamento cotidiano orienta-se para a realização de atividades cotidianas e, nessa medida, é possível falar de unidade *imediata* de pensamento e ação na cotidianidade [quer dizer, sem que se apreendam as mediações]. As ideias necessárias à cotidianidade jamais se elevam no plano da teoria, do mesmo modo como a atividade cotidiana não é práxis. A atividade prática do indivíduo só se eleva ao nível da práxis quando é atividade humano-genérica consciente, unidade viva e muda de particularidade e genericidade, ou seja, *na cotidianidade, a atividade individual não é mais do que uma parte da práxis*, da ação total da humanidade, que construindo a partir do dado, produz algo novo, sem com isso transformar em novo o já dado (Heller, 1989, p. 32, grifos meus).

Outro procedimento que é recorrente tanto na cotidianidade quanto na sua suspensão momentânea é a confiança. Se, de um lado, faz-se necessária a confiança do profissional nos procedimentos teórico-metodológicos escolhidos e nas finalidades a serem alcançadas, de outro, quando um profissional atua apenas na base da confiança ele desconsidera qualquer referência que transcenda o nível da sua individualidade. A confiança, porque fundamentada em crenças e certezas, *a priori*, muitas vezes induz o profissional a uma apreensão imediata e viciada da realidade, e a procedimentos que se supõem inquestionáveis. A confiança evita a dúvida, o questionamento, a negação do dado fixo, que são elementos fundamentais para se apreender o real em toda sua dinâmica e processualidade. Por isso, a confiança muitas vezes induz a crenças e superstições, assim como induz a algumas certezas que não correspondem aos fatos. De outro modo, diz Heller (1989, p. 34, grifos meus):

> quando — num dado momento da vida cotidiana — o indivíduo começa a refletir acerca de uma superstição que compartilhava, ou de uma tese que assimilou da integração de que faz parte, passando a supor que nem uma nem a outra são aceitáveis porque contradizem a experiência, e, logo após, começa a examinar o objeto posto em questão comparando-o com a realidade, para terminar recusando-o, em tal momento, o referido indivíduo elevou-se acima do decurso habitual do pensamento cotidiano, ainda que apenas em tal momento.

Também é comum, no cotidiano, a apreensão da realidade por analogia, buscando categorizar e tipificar os objetos, sujeitos e processos sociais por comparação entre as semelhanças e diferenças. Considerando que no contexto da vida cotidiana "temos que subsumir o singular, de modo mais rápido, sob alguma universalidade; temos de organizá-lo em nossa atividade, no conjunto de nossa atividade vital cotidiana" (Heller, 1989, p. 35), neste procedimento recorre-se à analogia, a qual tem o papel de nos orientar. Aqui podemos comparar os fatos, situações atuais com outras já vividas, pessoas, buscando suas semelhanças. Porém, para um exercício profissional qualificado, faz-se necessário que o assistente social, a partir da analogia (utilização de procedimentos iguais, por supor que as situações sejam semelhantes, o que pressupõe a comparação de situações diferentes), adote o procedimento de negá-las, concebendo que a situação contempla muito mais determinações do que as expressas na mera aparência do similar, de modo que a questione e a transcenda, dirigindo-se ao conhecimento da realidade como totalidade concreta, interpretando e analisando a situação historicamente dada.

Outros dois procedimentos próprios do cotidiano que condicionam o exercício profissional e, muitas vezes, empobrecem a dimensão técnico-instrumental são o uso dos precedentes no conhecimento das situações e a imitação. O primeiro significa que já existem exemplos e estudos sobre as situações que podem ser levados em consideração na apreensão do novo. Ora, uma coisa é o assistente social conhecer o estado da reflexão e da produção teórica a respeito da situação na qual ele se encontra, dos objetos sobre os quais sua ação incide, conhecer a experiência e os estudos anteriores; outra coisa é considerar as experiências precedentes como modelo para a intervenção na realidade daquele momento histórico.

O segundo tipo de procedimento problemático na profissão é a imitação: agimos em razão do conhecimento e das experiências anteriores, do comportamento de outros, de um padrão que deu certo em situações anteriores ou para outros sujeitos. Agimos com base na imitação de outras situações e experiências (nossas ou de outros).

Ambos os procedimentos podem ser superados dialeticamente no próprio exercício profissional (trata-se daquela superação que questiona e se lança a um nível superior) pela dimensão investigativa, que exige a pesquisa concreta de situações concretas. A busca pelo novo, procedimento da razão dialética, tanto em termos do conhecimento quanto da ação, enfrenta tais procedimentos no/do cotidiano, constituindo-se como o antídoto à mera reprodução e manutenção da mesmice.

Também na dimensão formativa estes procedimentos se colocam como entraves, por exemplo, na realização de uma supervisão que se baseie nas questões concretas da realidade concreta.

Ora, se podemos conceber, orientados por Heller, que não há cotidiano sem esses procedimentos, de outro lado, afirma essa autora, "as formas necessárias da estrutura e do pensamento da vida cotidiana não devem se cristalizar em absolutos, mas tem de deixar ao indivíduo uma margem de movimento e possibilidade de explicação" (Heller, 1989, p. 37).

Muitos profissionais se ressentem de não identificar qual é a teoria que os orienta, o que os leva a negar a sua existência na perspectiva de considerar que "na prática a teoria é outra" (a este respeito ver: Guerra, 1995; Forti e Guerra, 2009; Santos, 2010).

Aqui há que se considerar que o cotidiano profissional se realiza pela inserção do assistente social na execução terminal das políticas sociais, cujo formato limita ou potencializa a sua ação profissional. Neste sentido, o padrão atual de políticas sociais privatista, mercantilista e assistencialista, que fragmenta, segmenta e setoriza as necessidades e categorias sociais, predispõe um tipo de intervenção: pontual, focalizada, imediata, burocrática, mimética, repetitiva, pragmática e eminentemente instrumental, exigindo pouca qualificação para responder às demandas imediatas, condicionando o exercício profissional às características e dinâmica do cotidiano e se limitando a ele. Além disso, a ausência de precisão entre necessidade e demanda, a indeterminação da distinção entre as demandas que polarizam a intervenção profissional, acrescida da insuficiência de recursos, do corte nos orçamentos das políticas sociais, da redução da ação do Estado na implementação delas, da descontinuidade e constante mudança nas diretrizes políticas (porque ficam à mercê das flutuações e interesses da política econômica ou do que está em conformidade com a acumulação/valorização do capital), ensejam os procedimentos mais adequados ao modo de ser do cotidiano. Aqui, a dimensão técnico-operativa tende a se restringir ao simples cumprimento de normas, regulamentos, objetivos institucionais, papéis já estabelecidos, respostas preconcebidas no âmbito da política social estatal, ou, ao contrário, pode se constituir no espaço da análise concreta de situações concretas, posto que na vida cotidiana há sempre, como já dito, uma "margem de movimento e possibilidade" (Heller, 1989).

Por isso, não obstante esta tendência de mera repetição do cotidiano, há os profissionais que mesmo não retornando à universidade têm uma intervenção social, militância política e até partidária, e nesses contextos refletem sobre sua prática profissional. Estes são momentos de suspensão com o cotidiano profissional, de elevação e estabelecimento de vínculos humano-genéricos, condições de possibilidades para a genericidade. Estes podem não analisá-la do ponto de vista acadêmico, mas pensam-na em termos de relevância social, de suas implicações sociopolíticas, de modo a ter claros valores e princípios, bem como o projeto de sociedade que os orienta.

Os sujeitos profissionais na realização de suas competências e atribuições[5] detêm a possibilidade de recorrer ao procedimento de suspensão temporária do cotidiano, pela via do processo de homogeneização, concentrando-se total e momentaneamente em uma atividade e tendo naquele momento a sua individualidade subsumida por interesses particulares, ainda que, ao final, nem sempre redunde no estabelecimento de vínculos com o gênero humano.

Apesar de a dimensão técnico-instrumental ser a mais atingida pelos procedimentos próprios da cotidianidade, as demais dimensões também são atravessadas por eles.

O pensamento e a ação do cotidiano afetam profundamente a dimensão teórico-metodológica, mas, ao mesmo tempo, contêm as suas possibilidades.

A presença dos fundamentos do pragmatismo atravessando a ciência moderna e a utilização de analogias remetem à aplicação da teoria à realidade. Cabe, pois, aos profissionais preparados o papel de desvelar a realidade partindo da analogia, mas transcendendo-a. Aqui, há que se reconhecer os limites e possibilidades do conhecimento acumulado. Este não deve se constituir em modelo, fôrma ou guia imediato para a ação.

O conhecimento sobre os fundamentos é essencial para desvelar e submeter à crítica o senso comum.

A dimensão teórico-metodológica nos capacita para operar a passagem das características singulares de uma situação que se manifesta no cotidiano profissional do assistente social para uma interpretação à luz da universalidade da teoria e o retorno a elas. O conhecimento adquirido através deste movimento possibilita sistematizações e construções teórico-metodológicas que orientam a direção e as estratégias da ação e da formação profissional (dimensão formativa), bem como permite aprofundar os fundamentos teóricos que sustentam as intervenções profissionais.

---

5. Relativas à Lei n. 8.662/93, que dispõe sobre a profissão de assistente social e dá outras providências, a qual contempla as habilidades, competências e conhecimentos necessários à profissão. Ver CRESS-7ª. Reg. 2006.

Tal dimensão tem que ser articulada à dimensão investigativa. Esta é uma mediação fundamental, posto que permite uma revisão dos fundamentos técnicos, teóricos e ético-políticos que orientam a profissão, conduzindo seu avanço no sentido de que aponta tendências e permite uma antecipação, a reconstituição de objetos de intervenção, a apreensão de demandas emergentes, a reconfiguração das demandas: ela é a dimensão do novo. É através desta dimensão que se pode fazer a crítica ontológica do cotidiano. A dimensão investigativa permite também a produção de conhecimentos voltados para os interesses dos setores populares que são usuários das instituições às quais nos vinculamos.

Ora, sabemos que sua inserção na divisão social e técnica do trabalho da sociedade capitalista, sua localização na estrutura sócio-ocupacional das políticas sociais e a construção de sua funcionalidade no espaço de mediação entre as classes sociais e o Estado *franqueiam à intervenção um caráter político*. Dada esta dimensão da profissão, o profissional redimensiona o alcance e estabelece os limites da intervenção, bem como o estatuto das suas técnicas, objetos e objetivos. É também nesse contexto, forjado pela forma como o Estado capitalista implanta e implementa as políticas sociais, no enfrentamento das expressões da chamada questão social, que os assistentes sociais — trabalhadores assalariados — serão os responsáveis por facilitar ou não o acesso da população aos serviços sociais (tendo em vista manter a força de trabalho apta para a produção e reprodução do sistema).

O reconhecimento social da profissão está na capacidade do profissional em modificar algumas variáveis do contexto social dos usuários, buscando alterá-lo, ainda que momentaneamente (Netto, 1996a, p. 93). Aqui, a prática profissional é resultante da adequação entre a mobilização de informações prescritas nas leis e outros dispositivos jurídico-formais que regulamentam as políticas sociais, identificados, equivocadamente, como "teorias", e da sua efetivação, através da execução de atividades vinculadas a planos, programas e projetos, identificadas como prática profissional, cujos resultados paliativos somente adiam e deslocam a contradição geradora da chamada questão social, permitindo a manutenção e reprodução das suas expressões. Assim, como considera Iamamoto (1992, p. 42):

> o assistente social é solicitado não tanto pelo caráter propriamente técnico especializado de suas ações, senão, antes e basicamente, por suas funções de cunho educativo, moralizador e disciplinador [...] o assistente social aparece como profissional da coerção e do consenso, cuja ação recai em um campo político.

Não obstante estas determinações, que configuram a dimensão política da profissão, na qual o Serviço Social se constitui como uma das técnicas ou tecnologias sociais, não se pode subestimar o papel do sujeito. Toda intervenção profissional é uma ação teleológica que implica uma escolha consciente das alternativas objetivamente dadas e a elaboração de um projeto no qual o profissional lança luzes sobre os fins visados e busca os meios que, a seu juízo, são os mais adequados para alcançá-los. Toda intervenção encontra-se imbuída de um conjunto de valores e princípios que permitem ao assistente social escolhas teóricas, técnicas, éticas e políticas. É no cotidiano profissional, tenha consciência ou não, que o assistente social se depara com demandas e interesses contraditórios e com um leque de possibilidades, o que lhe permite exercitar a sua autonomia, que sempre será relativa[6]. Ao fazer suas escolhas, no que se refere às finalidades estabelecidas e aos meios (condições, instrumentos e técnicas) para alcançá-las, *que resposta dar e em que direção*, o assistente social exerce sua dimensão ético-política, a qual se preocupa com os valores (de que valem as respostas dadas) e com a direção social delas (que conjunto de forças está sendo contemplado nas respostas). Mas não o faz sem conflitos éticos que são próprios dos homens e mulheres que partilham desta experiência contraditória de viver no mundo burguês.

---

6. Diz Lukács que toda práxis social "é uma decisão entre alternativas", donde se pode inferir que as práticas profissionais, como uma dimensão menos desenvolvida desta, também o são.

Assim posta a questão, temos que as dimensões ético-política, teórico-metodológica e investigativa se interpõem e se articulam estreitamente à dimensão técnico-instrumental, já que a realização desta exige o conhecimento mais correto possível das finalidades, dos resultados, das condições objetivas sobre as quais a ação incide, dos meios e das possibilidades de realização e dos valores a eles subjacentes. Portanto, o conhecimento advém da análise da realidade e, por isso, tanto precede quanto acompanha a intervenção. Nesta concepção, o conhecimento não se constitui em receituário da prática profissional, e tampouco esta pode se confundir com a realidade social ou com um conjunto de atividades empíricas.

Aqui, a relação teoria e prática como *unidade do diverso*, a escolha dos meios (o método, as técnicas e os instrumentos) a serem utilizados pelo profissional e das mediações que ele deverá acionar na sua intervenção se darão em função das condições objetivas e de suas finalidades e os instrumentos, técnicas e estratégias que serão estabelecido no interior do projeto profissional[7], o que exige uma formação profissional qualificada.

A dimensão formativa referenciada nas Diretrizes Básicas da Formação Profissional dos Assistentes Sociais brasileiros tem, dentre seus princípios organizativos, a articulação orgânica entre a dimensão interventiva e a dimensão investigativa. Para tanto, um conjunto de conhecimentos, competências, saberes práticos e interventivos, habilidades e valores se coloca, no sentido de serem desenvolvidos do ponto de vista prático-profissional, visando à inserção do assistente social no mercado de trabalho. Dentre essas habilidades estão: a compreensão do significado social e histórico da profissão no contexto das transformações societárias, apreendendo como na particularidade socioprofissional incidem tais transformações; o desenvolvimento sócio-histórico da profissão, tendo em vista os contextos e conjuntu-

---

7. Essa forma de compreender os meios interdita qualquer possibilidade de se pensar em modos de operar definidos *a priori*, por meio de modelos ou tipologias de diagnóstico e de intervenção.

ras nacionais e internacionais; a identificação das demandas e requisições socioprofissionais e políticas, distinguindo-as entre demandas institucionais, do usuário e da profissão, a formulação de respostas profissionais de conteúdo crítico que sejam capazes de problematizar as propostas integradoras, reformista, modernizadoras e restauradoras, dentre elas o anticapitalismo romântico; a capacidade de propor, formular, executar e avaliar programas, projetos e políticas sociais na área social, identificando seus limites e possibilidades concretas; a capacidade de contribuir para a organização e mobilização dos usuários; a realização de pesquisas que subsidiem a formulação de indicadores, de políticas sociais, e qualifiquem a intervenção profissional; a competência para desenvolver atividades de supervisão, assessoria e consultoria a instituições públicas, privadas e juntos aos movimentos sociais em matéria relacionada às políticas sociais e à garantia dos direitos civis, políticos e sociais da coletividade, dentre outras (cf. Diretrizes básicas para a formação profissional e Lei de Regulamentação da Profissão, ABESS, 1997). Com base nesses conhecimentos e capacidades, pode-se avaliar a importância da dimensão formativa num contexto de aligeiramento da educação[8].

Foi dito que nas Diretrizes Básicas da Formação Profissional a relação entre dimensão interventiva e dimensão investigativa constitui-se em um dos princípios organizativos da formação e exercício profissionais, de modo que ela tem no estágio supervisionado um espaço privilegiado, embora não o único. Este espaço de formação, por se tratar do cotidiano profissional, constitui-se das características próprias do cotidiano aqui evidenciadas. Porém, é necessário que, pela dimensão formativa, a experiência de estágio permita a capacitação de estudantes para investigar o campo, analisá-lo criticamente, problematizar o contexto socioinstitucional e o significado sócio-his-

---

8. Refiro-me à Universidade operacional e ao profundo processo de precarização do ensino, que tem como sua mais alta expressão o chamado "Ensino" a Distância, sobre os quais não me é possível aprofundar. Para uma discussão sobre a configuração atual da formação profissional e seus impactos na cultura profissional, ver Guerra (2010).

tórico do trabalho profissional, desenvolver sua capacidade argumentativa e vislumbrar as estratégias de enfrentamento e resistência[9].

Aqui se coloca a necessidade de utilização de instrumentos e de procedimentos que possibilitem a apreensão da realidade para além da imediaticidade. Apenas para citar alguns: a pesquisa e análise permanente e sistemática da instituição, que tem de ser relacionada com uma análise histórica da conjuntura à luz dos aspectos estruturais e das determinações universais do capitalismo, elaboração do plano de estágio e de um projeto de intervenção, o investimento em atividades de registro e sistematização da prática. Estes constituem procedimentos e habilidades indispensáveis a serem desenvolvidos no espaço do estágio.

Com estas reflexões, pretendeu-se demonstrar que o exercício profissional configura-se pela articulação de dimensões e se realiza sob condições objetivas e subjetivas historicamente determinadas, as quais estabelecem a necessidade de a profissão responder às demandas da sociedade através de requisições socioprofissionais e políticas, delimitadas pela correlação de forças sociais que expressam os diversos projetos de sociedade e se refratam nos projetos profissionais.

Assim considerado o exercício profissional, vê-se que ele incide no cotidiano das classes sociais na busca de sua modificação, ainda que em caráter emergencial, imediato, pontual e relativo, não alcançando as determinações estruturais, resultando na reincidência da demanda, que em geral é remetida à responsabilidade dos próprios sujeitos. Há, portanto, uma funcionalidade dessa prática profissional ao padrão de produção e reprodução social, insistimos, tenha o assistente social consciência ou não.

É na realização das suas atribuições e competências que a dimensão técnico-operativa não apenas se explicita como aparece de forma

---

9. É essa dinâmica do cotidiano que tem parametrizado a vida social como um todo, incidindo sobre a configuração da formação profissional em que os sujeitos envolvidos se adaptam aos imediatismos, facilitismos, volatilidade, rapidez, flexibilidade, na qual há o predomínio da razão instrumental.

autonomizada das demais. Não obstante, todo fazer precisa de um conhecimento existente e requisita um novo conhecimento. Necessita de um conjunto de pressupostos e orientações não apenas de natureza teórica, mas, também, baseado em outros tipos de saberes instrumentais e na experiência, que nem pode ser descartada tampouco venerada. Necessita, também, de componentes valorativos que permitam a escolha dentre as alternativas concretamente existentes, e tudo isso dará a direção social do exercício profissional que nem é neutro nem tem caráter finalístico. Por isso, ainda que se trate de uma profissão eminentemente (mas não exclusivamente) interventiva, cabe resgatar a natureza teórica e investigativa das atribuições privativas e competências profissionais,[10] de modo que o Serviço Social tem se apropriado das Ciências Sociais (muitas vezes de maneira eclética) e daí retirado e reformulado um conjunto de "modos de operar" necessários à concretização de suas ações. Pela própria natureza da profissão, corremos o risco de tributar a nossa competência à utilização de procedimentos técnico-operativos, superdimensionando o papel e o lugar do instrumental técnico-profissional. Com isso estamos reeditando uma tendência denominada de metodologismo, que, criticada desde a década de 1970, se recicla através dos anos. Ainda mais, corremos o risco de incorrer no oportunismo teórico-metodológico, ou seja, lançar mão de um referencial teórico eclético, com o argumento de que somente assim se pode responder à complexidade e ao sincretismo da realidade[11].

Cabe refletir sobre quais razões contribuem para que os assistentes sociais atribuam aos instrumentos e às técnicas de intervenção profissional o estatuto de legitimidade da profissão. O que faz com que as (mal) chamadas "metodologias de ação" e o instrumental

---

10. Cf. a Lei n. 8.662/93, mencionada na nota 5.

11. Chamo a atenção para o avanço das teorias sistêmicas, numa reedição sofisticada do neopositivismo, presente nas novas e antigas formulações das políticas sociais, do que decorre a utilização de metodologias de trabalho com famílias, dentre outras, apoiadas na falsa argumentação de eficácia e eficiência técnica.

técnico-operativo sejam concebidos como variável dependente do seu "suposto" estatuto científico?[12]

Pelo que estamos demonstrando, em nosso modo de ver, a resposta encontra-se na própria natureza do Serviço Social: sua inserção na divisão social e técnica do trabalho como profissão fundamentalmente interventiva esconde o seu verdadeiro significado sócio-histórico como profissão que, na ordem burguesa, se constitui em uma das estratégias de controle da ordem social, bem como sua particularidade de atuar diretamente nas sequelas engendradas pela exploração do trabalho pelo capital. É o caráter operativo-instrumental do Serviço Social, o tipo de demanda e a modalidade de atendimento a ele atribuída — a necessidade de que a profissão venha a dar tanto respostas em nível das necessidades imediatas quanto àquelas que modificam imediatamente as variáveis do contexto social promovendo resultados, ainda que imediatos, pontuais, superficiais — que mantêm a impressão (que é mera aparência e, como tal, necessária) de que o acervo técnico-instrumental possibilita ao Serviço Social um estatuto de profissão, assim, consequentemente, nele se localizaria a "especificidade" do Serviço Social[13] frente às práticas caritativas de assistência e ajuda ao próximo, desenvolvidas por indivíduos movidos por uma necessidade pessoal de justiça social e em face das outras profissões. Mas concorre ainda para o descolamento da dimensão técnico-operativa das demais o fato de que o referencial ideocultural e teórico-metodológico que a informa, conectado com necessidades instrumentais, não vai além delas. As demandas cada vez mais instrumentais exigem uma racionalidade também instrumental e teorias

---

12. Não cabe neste espaço a retomada da discussão sobre a relação intrínseca e equivocada que os profissionais estabelecem entre o estatuto teórico-metodológico e o estatuto profissional, aliás, original e brilhantemente realizada por Netto na obra publicada em 1992, a qual nos serve como referência neste ensaio. O que entendemos ser necessário é situar o leitor nas consequências de se considerar que o fundamento de existência de uma profissão supostamente reside no sistema de saber que referencia sua intervenção e/ou no estatuto de suas técnicas e não no que, de fato, legitima as profissões na divisão sociotécnica do trabalho: a existência de demandas histórico-sociais institucionalizadas e na capacidade das profissões de responderem a elas (Netto, 1996a).

13. A este respeito ver Montaño (2007).

que respondam a elas; e mesmo quando se pretende a utilização das teorias sociais clássicas, estas são convertidas em *teorias de resultado* (Guerra, 1995).

É evidente que há várias concepções de Serviço Social em disputa no interior da categoria, as quais se articulam com projetos profissionais e de sociedade. Da forma de conceber a profissão inferem-se suas funções sociais, o seu *que fazer*. Neste âmbito, podemos perceber que na imagem social da profissão, bem como na sua autoimagem, há uma clara incorporação da noção (equivocada) de Serviço Social como Técnica Social ou Tecnologia (conjunto de técnicas) destinada a solucionar problemas imediatos no sentido de administrar conflitos, adaptar indivíduos ao meio e construir a sociabilidade adequada às necessidades e interesses da ordem burguesa. Como dito, para tanto, a razão instrumental é suficiente. Neste âmbito, conhecimentos e valores acabam subsumidos ao fazer imediato do assistente social, o que os torna reféns da razão instrumental.

Por se tratar de mera aparência, este tipo de explicação acerca do que legitima o Serviço Social como profissão é insuficiente, havendo, pois, que se passar da mera aparência e apanhar a totalidade: as racionalidades enquanto formas de ser, pensar e agir dos processos sociais e das práticas profissionais. Dito de outro modo, é preciso conhecer por dentro a racionalidade do capitalismo,[14] a qual tem nas teorias positivistas[15] as premissas e os argumentos para sua justificação, sendo responsável tanto pela apreensão da realidade como "pseudoconcreticidade", pelo enrijecimento na forma, na aparência da realidade, pela fragmentação entre as profissões interventivas e as intelectuais, bem como, conforme mencionado, pela falsa concepção de Serviço Social como técnica de resolução de problemas e de mudança comportamental.

---

14. Por racionalidade do capitalismo estamos entendendo a racionalidade predominante que está subjacente às formas de ser, pensar e agir na ordem social capitalista. Ela possui duas características fundamentais: o formalismo e a abstração. Ela é a lógica necessária à manutenção da ordem social.

15. Cito as que mais exercem influência no Serviço Social: a sociologia positivista, o estrutural funcionalismo, a teoria sistêmica, o estruturalismo, o pragmatismo, o neopositivismo lógico.

Ao problematizar a dimensão técnico-operativa, o assistente social pode refletir sobre o tipo de racionalidade acionada, tendo em vista sua instrumentalidade.[16]

Ele pode identificar, por exemplo, no cotidiano profissional, a lógica fordista e gerencial expressa nas políticas sociais através da adoção acrítica dos critérios da racionalidade instrumental, muitas vezes assumidos de maneira imperceptível e inconsciente. Essas passam a ser analisadas segundo uma lógica pragmática e produtivista que conforma valores: rentabilidade, alcance de metas de produtividade, eficácia e eficiência como critérios para referenciar a análise e intervenção no cotidiano da vida dos usuários. Dentre as diversas expressões desta racionalidade podemos identificar a tendência de classificar e categorizar a condição social dos sujeitos, para serem inseridos em uma das políticas/programas sociais fragmentados, que demandará a utilização de instrumentos específicos (no "eterno retorno" às práticas de caso, grupo, comunidade). Essa racionalidade também se reflete, muitas vezes, na utilização do instrumental tradicional, especialmente nas entrevistas e nas visitas domiciliares, na medida em que, ao utilizar esses instrumentos, o profissional adota um perfil fiscalizador. A nosso ver, há uma hipertrofia da racionalidade instrumental-burocrática na atual configuração das políticas sociais, as quais acabam sendo implementadas pela via de procedimentos formais-abstratos.

Desvendar a estrutura do cotidiano é um procedimento intelectivo necessário para problematizar a concepção instrumental da intervenção profissional — compreendida como um conjunto de técnicas e procedimentos metodológicos — e a de cotidiano, como o lugar onde se "aplica" a teoria, de modo a questionar a premissa

---

16. Instrumentalidade considerada como a capacidade que a profissão adquire, ao longo de sua trajetória sócio-histórica, de alcançar os objetivos propostos, de se materializar em resultados, donde advém seu reconhecimento social. Cabe enfatizar que tal capacidade, fruto do fazer dos assistentes sociais, permite-lhes modificar as condições causais/objetivas de surgimento e existência da profissão na ordem burguesa madura e sua funcionalidade a ela. Por isso, a instrumentalidade se refere à adequação de meios e fins (Guerra, 2000).

de que o Serviço Social se realiza mediante uma prática "tecnificada" ou "teorizada".

A questão que se coloca é: quais os riscos de proceder a uma análise endógena da profissão, analisando suas dimensões a partir delas mesmas? No que resulta uma análise que autonomiza as dimensões da profissão privilegiando umas em relação a outras?

3. De volta ao ponto de partida

Foi dito que é no cotidiano profissional que as dimensões da profissão se atravessam, se entrecruzam, mas também se confrontam, a todo momento, conformando uma unidade de elementos diversos e, ainda, que há momentos em que uma dimensão se sobrepõe à outra.

Considerou-se também que a profissão não se explica por si mesma, e, por isso, necessita da análise lógica do estágio do desenvolvimento do capitalismo, das relações sociais, do modelo de Estado, da condição da política social, em especial da política de assistência social, já que pelo modelo adotado ela vem condicionando um exercício profissional que fica restrito à aplicação de normas vinculadas a administrar a concessão de benefícios, rotinas, baseado em critérios seletivos, quantitativos e condicionalidades, em uma racionalidade do cálculo, em procedimentos formais, manipulatórios. Tais ações absorvem o exercício profissional convertendo-o e o reduzindo a um conjunto de ações instrumentais, visando a fins imediatos. Aqui, as ações exemplares são as que se relacionam com a implementação do Benefício de Prestação Continuada (BPC), averiguação do cumprimento de condicionalidades e a veracidade de informações. Para tanto, a riqueza do exercício profissional se reduz à realização de visitas domiciliares, preenchimento de cadastro, realização de entrevistas, concessão de benefícios, dentre outras atividades.

Nessa perspectiva, o perfil de assistente social é o do técnico adestrado que se limita à racionalidade do capitalismo e à aplicação acrítica de técnicas e instrumentos sem a clareza dos fins a que sua intervenção visa, menos ainda do projeto profissional que implementa.

A formação profissional, se continuar caminhando nesta direção, se restringindo ao atendimento do modelo de política social assistencializada, da qual a Política Nacional de Assistência Social (PNAS) é exemplo, corre o risco de limitar-se a formar profissionais que dominam as técnicas, os instrumentos, as habilidades do "como fazer", pautada na justificação das demandas do mercado de trabalho e na concepção de que se trata de uma profissão voltada à mudança comportamental e às atividades emergenciais. Corre-se o risco de investir na formação de um profissional que aparentemente sabe fazer, mas não conhece o significado social deste fazer, suas implicações éticas e políticas, seus resultados ou a ausência deles, de modo que corre o risco de o assistente social ser reduzido a um mero "técnico", delegando a outros as atribuições e competências que lhe são próprias.

Por outro lado, temos vivenciado o total descaso e abandono da discussão sobre a questão *da instrumentalidade, da racionalidade da técnica, do alcance na utilização de instrumentos, estratégias e táticas de natureza técnica e política.* Ao negligenciar a técnica e não dimensionar adequadamente o lugar, o papel e o alcance do instrumental técnico-operativo no contexto do projeto ético-político profissional, corre-se o risco de o assistente social não realizar as suas competências, de não responder às demandas que a sociedade lhe coloca por absoluta falta de conhecimento dos meios e mediações a serem mobilizadas para tal.

Parece-me que o que nos falta, tanto no exercício quanto na formação profissional, é assegurar a unidade das dimensões da profissão, garantindo a autonomia delas sem, contudo, autonomizá-las, na perspectiva de manter, por meio de múltiplas mediações, a unidade do diverso. Concordando com Iamamoto (1998, p. 144), estou convencida de que

é necessário formar um profissional versado no instrumental técnico-operativo, capaz de realizar ações profissionais, aos níveis de assessoria, planejamento, negociação, pesquisa e ação direta, estimuladoras da participação dos usuários na formulação, gestão e avaliação de programas e serviços sociais de qualidade.

É necessário investir em estratégias e táticas socioeducativas de organização e mobilização dos sujeitos com os quais trabalhamos na perspectiva de que eles se organizem como sujeitos coletivos. Estamos cientes de que do direcionamento dado à formação profissional resultará ou não uma capitulação à razão instrumental.

Por isso, penso ser necessário ao profissional acionar uma racionalidade que permita desenvolver uma instrumentalidade inspirada na razão dialética, que seja capaz de construir novas competências e legitimidades, que permita ao profissional dar novas respostas qualificadas em oposição às tradicionais respostas instrumentais, de maneira comprometida com valores de uma sociedade emancipada.

Referências

ABESS/CEDEPSS. Diretrizes gerais para o curso de Serviço Social. *Cadernos ABESS*. São Paulo: Cortez, n. 7, 1997.

CHAUI, M. *Convite à filosofia*. São Paulo: Ática, 1994.

CRESS 7ª Reg. Assistente social: ética de direitos. *Coletânea de leis e resoluções*. 4. ed. Rio de Janeiro: CFESS, 2006.

DURKHEIM, E. *As regras do método sociológico*. 11. ed. São Paulo: Nacional, 1984.

FORTI, V.; GUERRA, Y. Na prática a teoria é outra? In: FORTI; GUERRA (Org.). *Serviço Social*: temas, textos e contextos. Rio de Janeiro: Lumen Júris, 2009. (Coletânea Nova de Serviço Social.)

GUERRA, Y. Instrumentalidade do processo de trabalho e Serviço Social. *Revista Serviço Social & Sociedade*, São Paulo: Cortez, n. 62, p. 5-34, 2000.

GUERRA, Y. A formação profissional frente aos desafios da intervenção e das atuais configurações do ensino público, privado e a distância. *Revista Serviço Social & Sociedade*, São Paulo: Cortez, n. 104, p. 715-736, 2010.

_____. *A instrumentalidade do Serviço Social*. São Paulo: Cortez, 1995.

HEGEL, G. *Fenomenologia do espírito*. Petrópolis: Vozes, 1999.

HELLER, A. *O cotidiano e a história*. Rio de Janeiro: Paz e Terra, 1989.

_____. *Sociología de la vida cotidiana*. Barcelona: Ediciones Península, 1994.

IAMAMOTO, M. V. *O Serviço Social na contemporaneidade*: trabalho e formação profissional. 10. ed. São Paulo: Cortez, 1998.

_____. *Renovação e conservadorismo no Serviço Social* — ensaios críticos. São Paulo: Cortez, 1992.

KOSIK, K. *Dialética do concreto*. Rio de Janeiro: Paz e Terra, 1976.

MONTAÑO, C. *A natureza do Serviço Social*. São Paulo: Cortez, 2007.

NETTO, J. P. *Capitalismo monopolista e Serviço Social*. 2. ed. São Paulo: Cortez, 1996a.

_____. Transformações societárias e Serviço Social. Notas para uma análise prospectiva da profissão no Brasil. *Revista Serviço Social & Sociedade*, São Paulo: Cortez, ano 17, n. 50, 1996b.

_____. *Ditadura e Serviço Social* — uma análise do Serviço Social no Brasil pós-64. São Paulo: Cortez, 1991.

_____. *Capitalismo monopolista e Serviço Social*. São Paulo: Cortez, 1992.

_____. Para a crítica da vida cotidiana. In: NETTO, J. P.; CARVALHO, M. C. B. *Cotidiano*: conhecimento e crítica. 5. ed. São Paulo: Cortez, 2000.

SANTOS, C. M. *Na prática a teoria é outra?* Mitos e dilemas na relação entre teoria, prática, instrumentos e técnicas no Serviço Social. Rio de Janeiro: Lúmen Juris, 2010.

AÇÕES PROFISSIONAIS, PROCEDIMENTOS E INSTRUMENTOS NO TRABALHO DOS ASSISTENTES SOCIAIS NAS POLÍTICAS SOCIAIS

Rosa Lúcia Prédes Trindade

O texto procura configurar as principais atribuições assumidas pelos assistentes sociais nos serviços sociais, procurando abordar os componentes da dimensão técnico-operativa da profissão, abarcando as ações profissionais, os procedimentos e os instrumentos e técnicas utilizados no exercício profissional. Tomamos como fonte bibliográfica os trabalhos e estudos realizados por nós e por componentes do grupo de pesquisa Mercado de Trabalho do Serviço Social, participante do Núcleo de Pesquisa e Extensão Serviço Social, Trabalho e Políticas Sociais, vinculado ao Programa de Pós-Graduação em Serviço Social da Faculdade de Serviço Social da Universidade Federal de Alagoas. A nossa participação na Comissão de Orientação e Fiscalização (COFI) do Conselho Regional de Serviço Social — 16ª Região — Alagoas, desde 1999, também foi uma significativa fonte para o conteúdo aqui apresentado. Parte desta sistematização foi iniciada no processo de pesquisa durante o doutoramento na UFRJ (cf. Trindade, 1999) e vem sendo enriquecida pela pesquisa sobre o mercado de trabalho do Serviço Social, por experiências de assessoria a equipes de Serviço Social e, em 2010, pelo projeto de extensão *Acompanhamento das condições éticas e técnicas para o exercício profissional do assistente social em Alagoas.*[1]

Na exposição apresentada no texto, consideramos como ações profissionais as atribuições que viabilizam as respostas dos profissionais às requisições colocadas pelas demandas institucionais, como parte da prestação de serviços sociais. Essas ações materializam o caráter interventivo do Serviço Social e dentre as mais comuns estão: executar, orientar, agrupar, providenciar, acompanhar, socializar, coordenar, planejar, pesquisar, monitorar, supervisionar, organizar e administrar, estudar e analisar, emitir parecer, assessorar, consultorar. Entretanto, vale ressaltar que essas ações só poderão ser classificadas como profissionais na medida em que forem associadas aos conteúdos com os quais atuam os assistentes sociais, relacionados aos sujeitos sociais (individuais e coletivos), às políticas sociais, aos serviços e aos benefícios sociais, aos direitos sociais, aos movimentos sociais. Esses conteúdos estão permeados pelas concepções teóricas, pela perspectiva ético-política, as quais fundamentam e direcionam as escolhas profissionais.

Na consecução dessas ações os profissionais utilizam instrumentos e procedimentos interventivos, materializando a dimensão técnico-operativa do Serviço Social. No processo de escolha e utilização dos instrumentos e técnicas, os profissionais mobilizam um conjunto

---

1. Projeto realizado pelo grupo de pesquisa em parceria com a COFI do Conselho Regional de Serviço Social (CRESS) 16ª Região e com o Sindicato dos Assistentes Sociais do Estado de Alagoas (SASEAL), tendo como objetivos: promover a discussão sobre as condições éticas e técnicas para o exercício profissional do assistente social em Alagoas; proporcionar a reflexão crítica sobre a atuação dos assistentes sociais em algumas áreas de atuação; socializar o conhecimento produzido sobre o Serviço Social. Em 2010 participaram deste projeto assistentes sociais atuantes nas políticas sociais de Saúde, Saúde Mental, Educação, Assistência Social, Infância e Adolescência e Sociojurídico.

de atitudes e exercitam habilidades, aqui denominadas de procedimentos interventivos, constituindo-se elementos intermediários entre as ações e os instrumentos. Tomemos o atendimento individual como exemplo, que não sendo um instrumento, também não constitui uma ação, conforme aquelas compostas pelos verbos indicados anteriormente, tal como orientar os usuários sobre serviços, benefícios sociais. Já os instrumentos técnico-operativos medeiam a concretização das ações profissionais e estão presentes na execução das habilidades chamadasaquideprocedimentos. Cumprem, portanto, umpapelde ferramenta, de elementos mediadores, perpassados pela linguagem escrita e falada. No nosso exemplo, na ação de orientar sobre serviços, benefícios sociais, ao realizar um atendimento individual utilizamos a entrevista e a ficha social como instrumentos. A esses instrumentos poderão estar associadas diferentes técnicas, maneiras diferenciadas de utilizar os instrumentos. Ainda no nosso exemplo, podemos utilizar: a entrevista aberta, a entrevista fechada, a ficha social com ou sem evolução social etc.

Para a apresentação e discussão sobre as ações profissionais, os procedimentos, instrumentos e técnicas utilizados pelos assistentes sociais no cotidiano das instituições em que atuam, fazemos uso de uma categorização que contempla as ações profissionais, os principais procedimentos desenvolvidos e os instrumentos e técnicas, assim apresentados: de *caráter individual* para o atendimento direto aos usuários dos serviços sociais; de *caráter coletivo* para o atendimento aos usuários dos serviços sociais; de *caráter administrativo-organizacional*, utilizados na articulação inter e intrainstitucional e na organização e gestão dos serviços sociais; de *formação profissional, de capacitação e de pesquisa.*[2]

Propomo-nos a abordar o instrumental técnico-operativo numa perspectiva histórica e teórica que permita apreendê-lo na sua condição de parte da intervenção do Serviço Social nas relações sociais,

---

2. Para esta categorização também tomamos como referência as recentes produções publicadas pelo CFESS (2009 e 2010).

e não como um arsenal de instrumentos e técnicas aplicáveis de forma padronizada. Não estamos limitando o instrumental à condição de repertório interventivo, a um rol de instrumentos e técnicas que seriam suficientes para a eficiência da ação profissional. Nossa perspectiva teórica aponta a insuficiência de uma visão de instrumental técnico-operativo restrito à habilidade e ao manejo desse repertório, pois esta é uma concepção que isenta o instrumental de suas relações mais amplas, restringindo-o à sua condição de acervo técnico. Consideramos que os instrumentos utilizados pelos assistentes sociais compõem o que chamamos de ações que intervêm na regulação das relações sociais, isto é, que atuam no apoio ao controle dos comportamentos, das normas sociais; contribuindo para produzir atitudes, posturas, para influir nas consciências, como parte das iniciativas de racionalização da relação entre os Homens na sociedade capitalista (cf. Trindade, 2002).

Situamos, ainda, que a problematização dos aspectos técnico-operativos do exercício profissional do assistente social é aqui apresentada considerando-se as características atuais do mercado de trabalho profissional: municipalizado e interiorizado, ampliado na quantidade de instituições com a presença do Serviço Social, mas ainda reduzido na quantidade de postos de trabalho ocupados por assistentes sociais. Na maioria das instituições atua apenas um profissional, embora haja muitas que possuam grandes equipes de profissionais. A expansão deste mercado de trabalho nas instituições municipais está ocorrendo num contexto de diminuição dos gastos sociais e de reordenamento do Estado. A operacionalização das políticas está sendo atravessada por uma forte tendência à seletividade e focalização, contribuindo para ações profissionais voltadas quase exclusivamente para o enquadramento institucional das demandas, em detrimento daquelas voltadas ao incremento da participação da população.[3]

Assim, as ações e os instrumentos profissionais são analisados nas condições concretas em que se realiza o trabalho do assistente

---

3. Cf. Prédes (2002, 2007); Trindade et al. (2010); Trindade et al. (2010a e 2010b).

social, o que envolve as demandas sociais produzidas pela sociabilidade capitalista, as instituições que incorporam demandas e organizam ações sociais vinculadas às políticas sociais, atreladas à oferta de serviços sociais, compondo as diversas intervenções sobre as expressões da questão social. Nesse processo, consideramos que o desenvolvimento de ações, procedimentos e instrumentos faz parte da produção das respostas profissionais fundamentadas pelo projeto profissional, com suas dimensões: teórica (do saber, do conhecimento), técnica (saber fazer) e ética (os objetivos que indicam as intencionalidades). São respostas construídas e definidas pelos profissionais, inseridas no contexto das demandas sociais e das requisições institucionais (Amorim, 2010) e resultantes do desempenho profissional. Este é aqui entendido como a ocupação de um espaço que lhe compete (Rios, 1993), com autonomia relativa e que concretiza a participação do Serviço Social como componente das respostas institucionais às demandas, como parte dos serviços, programas, projetos, como participante dos setores e equipes profissionais institucionalizadas. Portanto, são ações profissionais permeadas pelos objetivos colocados pelos assistentes sociais seguindo os princípios éticos e os direitos que fundamentam o acesso a políticas e serviços sociais.

1. Ações profissionais, procedimentos e instrumentos de caráter individual para o atendimento direto aos usuários dos serviços sociais

Historicamente, os assistentes sociais têm viabilizado a prestação direta de serviços sociais, através do contato direto com os usuários no repasse de bens e serviços pertinentes às diversas políticas sociais. Na operacionalização dos serviços sociais encontramos: a socialização de informações, as orientações sociais, o repasse de recursos financeiros e/ou materiais, os encaminhamentos para outros serviços institucionalizados, o provimento de condições socioeconômicas e funcionais para a permanência do usuário na instituição, a concessão de apoio de caráter subjetivo aos usuários que se encontram em situações específicas (como nas doenças), entre outros.

Nas ações de caráter individual prevalece o uso da entrevista como um dos principais instrumentos e o desenvolvimento de vários procedimentos interventivos: o assistente social recebe os usuários, seja através de demanda espontânea, seja por meio de encaminhamentos internos ou externos à instituição. Ao ouvir as queixas e/ou solicitações do usuário, o profissional colhe dados pessoais e socioeconômicos. Durante o atendimento individual, o profissional procura viabilizar as orientações e os serviços necessários — e possíveis — ao atendimento das solicitações. Durante a realização da entrevista é comum o registro em formulário específico, comumente chamado de ficha social, contendo informações como: nome, data de nascimento, sexo, documento de identidade, escolaridade, profissão, atividade ocupacional, situação de trabalho, tipo de filiação à previdência social, estado civil, condições de moradia, acesso a serviços, composição familiar, participação social. Na elaboração das fichas sociais o assistente social pode utilizar as técnicas de pesquisa para a elaboração de formulários e questionários, bastante utilizados nas entrevistas estruturadas ou semiestruturadas.

Nos serviços sociais, especialmente na área de assistência social, a atribuição profissional voltada à identificação/classificação de necessidades (comumente chamadas de carências) e a triagem/seleção para o repasse dos recursos materiais adquirem maior importância. A inclusão/exclusão dos usuários nos critérios para recebimento de serviços e/ou de bens assistenciais depende da definição de um grau de necessidade/carência a ser verificado através do levantamento das condições de renda e de vida, sendo essa uma tarefa desempenhada pelo assistente social. Na efetivação dessa atribuição, o assistente social analisa as condições socioeconômicas do usuário e atesta perante a instituição quais os usuários com prioridade para o acesso aos recursos. É muito importante que o resultado desta análise fique registrado na forma de parecer social.

A precariedade das condições socioeconômicas dos usuários que procuram o Serviço Social tem levado os assistentes sociais a intensificar a concessão dos recursos materiais, embora as instituições não repassem verbas suficientes para o atendimento a todas as solicitações. O aumento da demanda e o da escassez de verbas levam os profissionais a desempenhar a tarefa de selecionar aqueles que terão acesso ao serviço, através do levantamento de informações sobre a vida do usuário. Assim coloca-se uma contradição: ainda que os profissionais procurem socializar as informações na perspectiva da universalidade dos serviços sociais, na hora de repassar o recurso material sua ação se pauta num processo de seletividade dos serviços. Isso mostra que o direcionamento do discurso profissional no sentido da garantia de direitos sociais não é suficiente para romper a lógica fragmentária dos serviços assistenciais. A perspectiva do direito social, ainda que seja enfatizada no discurso do profissional que repassa o recurso, é atropelada pela seletividade imposta pela instituição, através dos critérios para a concessão.

Nas ações de viabilização de serviços e benefícios sociais é muito comum o assistente social — diante da atribuição de selecionar os que serão atendidos — lidar com um dilema que envolve a desconfiança da veracidade acerca das necessidades dos usuários e a compaixão diante das situações de extrema pobreza e de sofrimento pessoal. Alguns usuários solicitam recursos materiais por várias vezes e isso leva os profissionais a exercerem uma maior vigilância sobre aqueles que insistem nas solicitações, pois os profissionais demonstram receio de que os usuários "tornem-se viciados nos recursos" ou que alguns recebam recursos por mais de uma vez, deixando outros sem nenhum. Os profissionais procuram seguir os critérios institucionais para liberar os recursos, mas isso não é suficiente para atender a todas as demandas; em muitas situações, os profissionais chegam a doar recurso "de seu próprio bolso" para suprir os usuários, ou mesmo utilizar outros recursos materiais, como transportar o usuário em seu próprio carro. Alguns profissionais justificam que essa é uma atitude humana, individual, que não tem nada a ver com o trabalho; outros o fazem porque acham mais prático do que abrir o processo institucional, que envolve procedimentos muito burocráticos, ou por terem receio de uma possível fiscalização institucional sobre o uso do recurso. Estas questões geram muitas polêmicas nas equipes de assistentes sociais, pois boa parte argumenta que é preciso deixar claro que o recurso é da instituição e não uma doação individual (Trindade, 1999).

Em diferentes espaços sócio-ocupacionais, as ações de caráter individual são viabilizadas em serviços caracterizados como Plantão Social, estruturados para atender à demanda espontânea — com agendamento prévio ou decorrente de encaminhamentos advindos de outras instituições —, com assistentes sociais disponíveis em um determinado horário para atendimento.[4] Historicamente, o Plantão Social demanda dos assistentes sociais atividades rotineiras e burocratizadas, tomadas apenas como prestação de ajuda e de auxílio materiais. Entretanto, o Plantão pode constituir uma possibilidade concreta de viabilização do acesso da população aos serviços sociais, mas essa potencialidade só se realiza se a ação profissional ocorrer nessa direção, levando-se em conta as condições institucionais reais. Não podemos desconsiderar que o próprio caráter fragmentário e descontínuo das políticas sociais, notadamente as assistenciais, contribui para as dificuldades de operacionalização dos serviços no Plantão. Geralmente a instituição não dispõe de um local adequadamente reservado para a realização do atendimento, o assistente social não dispõe de muito tempo para realizar um atendimento mais cauteloso e demorado, além da necessidade de os profissionais agilizarem o atendimento para dar conta da enorme demanda e para atender às exigências institucionais de controle da produtividade, especialmente através do registro estatístico.

---

4. Lembramos que o Plantão também está na rotina de alguns assistentes sociais, especialmente em hospitais, como regime de trabalho ou forma de cumprimento da carga horária em turnos, comumente, de 12 ou 24 horas. Não é deste plantão que falamos aqui, embora neste regime de trabalho o profissional também viabilize o plantão social como serviço da instituição.

A DIMENSÃO TÉCNICO-OPERATIVA NO SERVIÇO SOCIAL

Um dos aspectos que dificultam a redefinição da prática no Plantão Social é a própria desqualificação desse serviço por parte dos assistentes sociais. No discurso profissional há uma hegemonia do pensamento que reforça a condição de direito social para esses serviços, entretanto, o caráter emergencial e descontínuo de sua operacionalização leva, muitas vezes, os assistentes sociais a atribuírem esse caráter ao Plantão, sem se remeterem ao contexto atual das políticas sociais. Em consequência, há uma significativa desvalorização das atividades profissionais realizadas no Plantão. Sua importância não é negada, entretanto também não é valorizada e muito é menos qualificada (Trindade, 1999).

Nesse sentido, a utilização dos instrumentos acaba se reduzindo à operacionalização das exigências institucionais, sem contribuir para a potencialização e qualificação da prática. Isto poderia acontecer, por exemplo, nos processos de liberação de recursos materiais, através do acompanhamento profissional da utilização dos recursos, e/ou do aproveitamento da demanda imediata para gerar outras formas de atuação que consigam articular melhor outros serviços institucionais, num atendimento menos fragmentado, na perspectiva intersetorial. Outro ponto que se destaca é a fragilidade na sistematização e análise das demandas; quando muito os profissionais conseguem realizar um levantamento de dados sobre o perfil da demanda.[5]

Nas ações de caráter individual os assistentes sociais também assumem a tarefa de repassar aos usuários informações, desde as normas de funcionamento da instituição até as condições que envolvem o atendimento. O desempenho dessas tarefas depende de inúmeros contatos individuais entre os profissionais e os usuários, o que lhes possibilita manter um estreito vínculo de apoio e comunicação. Em geral, os usuários estão em situações muito delicadas, tanto pelas doenças, quanto pelas dificuldades socioeconômicas e de relacionamento com as famílias, bem como pelas fragilidades na prestação dos

---

5. As pesquisas sobre o mercado de trabalho do Serviço Social têm mostrado a ausência do planejamento e da avaliação das ações profissionais (cf. Prédes, 2002 e 2007).

serviços sociais. O assistente social atua nas providências necessárias à facilitação do acesso, no provimento de condições institucionais para que o atendimento se realize, além de oferecer um suporte emocional ao usuário diante das dificuldades geradas pela fragilidade deles. Muitas vezes, os usuários encontram nos assistentes sociais uma maior receptividade para ouvir suas fragilidades e carências emocionais, seus problemas de relacionamento, suas dificuldades em lidar com doenças etc. Daí a necessidade de um atendimento de natureza mais subjetiva, embora esta não seja a tônica da atuação do assistente social.

Ainda que haja uma tendência para a defesa de práticas terapêuticas[6] por alguns segmentos de assistentes sociais, predominam na categoria as abordagens individuais que se assentam em processos de reflexão sobre a situação socioeconômica dos usuários e sobre as determinações sociais dos problemas apresentados. Na verdade, o assistente social é o membro da equipe que viabiliza as condições sociais necessárias à consecução do atendimento. Entretanto, os assistentes sociais lidam com a dimensão psicossocial das demandas atendidas pelas instituições, embora o apoio psicossocial dispensado pelo assistente social não se limite ao apoio subjetivo, pois há uma preocupação com os recursos materiais necessários para a viabilização do atendimento, bem como com a garantia de direitos sociais.

Em alguns programas sociais, os assistentes sociais utilizam-se do aconselhamento individual, abordando informações sobre prevenção e tratamento de doenças, situações de violência, e, inclusive, a escuta sobre os problemas enfrentados pelos portadores de doenças e prestando apoio e estímulo para que eles enfrentem essas dificuldades. Ainda que este aconselhamento individual também seja realizado por outros profissionais, os assistentes sociais são os que conseguem ampliar a abordagem para além das questões

---

6. Lembramos o recente debate sobre as práticas terapêuticas pelos assistentes sociais e que gerou a discussão e publicação da Resolução CFESS n. 569, de 25 de março de 2010.

específicas sobre doença. Os profissionais viabilizam orientações sobre direitos trabalhistas, previdenciários e sobre as questões jurídicas que possam facilitar a vida laborativa e familiar do usuário; realizam encaminhamentos a outros serviços de apoio, conseguem liberar recursos materiais, inserem os usuários em organizações e/ou entidades.

É comum o usuário procurar o Serviço Social com necessidades que não podem ser atendidas no âmbito da instituição. Nesses casos, os profissionais recorrem ao cadastro de recursos sociais, referência para orientar e encaminhar os usuários a outros serviços e instituições. É comum a redução desse cadastro a uma agenda com endereços, telefones e pessoas de contato das instituições, apresentando-se dificuldades para a atualização e para a socialização desse cadastro com profissionais e usuários. Observamos que essas informações tendem a ficar restritas ao profissional individualmente e, por vezes, não se consolidam como registro institucional, havendo descontinuidade quando há rotatividade de profissionais. A atualização do cadastro de recursos sociais pode se dar através da ação de articulação interinstitucional, com atualização permanente das informações na rotina dos contatos — para isso, a informática pode contribuir com um sistema de atualização permanente, alimentado por todos os assistentes sociais da equipe, prevalecendo a informação mais atual. Também pode ser reforçado pela realização de visitas institucionais, com a possibilidade de um contato mais direto entre as equipes de diferentes instituições. A manutenção de página atualizada na internet facilita mobilização da rede de serviços, cuja base é a informação ágil e atualizada.

Os encaminhamentos possuem um aspecto técnico muito importante, ele se materializa emumformulárioassinado pelo assistente social em papel timbrado da instituição de origem, para que a tentativa de inserção e/ou expansão do acesso a serviços seja institucionalizada. Isto tem um aspecto ético fundamental: trata-se do exercício da autoridade profissional que se responsabiliza pelo encaminhamento e não uma forma de "livrar-se" do usuário. Ademais, se a rede de serviços é frágil, o encaminhamento, tomado como um simples repasse de papel para ser entregue a outra instituição, pode ser inócuo, pois não basta dizer ao usuário que ele tem direitos, é necessário fazer com que os mecanismos concretos sejam acionados para a inserção desse cidadão nos serviços. Por isso defendemos que o encaminhamento é um procedimento que compõe a ação de articulação interinstitucional para fins de acesso a serviços na perspectiva da garantia de direitos.

Diante do agravamento das expressões da questão social e de suas repercussões nas demandas sociais e com a prevalência de requisições institucionais que reduzem a demanda institucional às ações paliativas de cunho individual, o assistente social é desafiado a criar estratégias que possibilitem a ampliação dos direitos sociais, ainda que em condições restritas. Com o agravamento de situações de vulnerabilidade, sejam físicas e/ou sociais, com o caráter de emergência no atendimento às fragilidades sociais e aos problemas imediatos do cotidiano, as instituições assumem como o seu principal papel a recepção do "problema" somente na sua expressão mais grave. Isto fica bem longe de um papel preventivo dos efeitos da questão social sobre os diferentes segmentos da classe trabalhadora e distante de ações garantidoras de acesso universal aos direitos, bem diferente do acesso a direitos somente quando se vivenciam situações extremas. Nesse sentido, defendemos aqui a importância da ação de acompanhamento social desenvolvida pelos assistentes sociais.

Esta ação é ainda bem característica de atendimentos institucionais que exigem internação ou abrigamento, quando há uma permanência prolongada do usuário na instituição e o profissional de Serviço Social atua para criar condições para essa permanência, acionando recursos internos e externos, e sendo protagonista da articulação com a família. Também pode ser adequada a prestação de serviços que exigem retorno constante do usuário à instituição ou nas concessões de benefícios sociais de longa duração e que muitas vezes exigem renovação ou recadastramento. Assim, com o acompanhamento social o assistente social pode dar uma contribuição que nenhum outro profissional consegue oferecer ao usuário, na medida em que pode conhecer as diferentes dimensões da vida desse usuário, dentro e fora da instituição, e assim pode provocar uma visão da totalidade da situação enfrentada na instituição.

E mais, ainda que de caráter individual, o acompanhamento social dos usuários, a partir das instituições em que eles são atendidos, poderia ser um excelente motivador de ações que acionassem a rede dos serviços a que o cidadão tem direito, fazendo com que as informações circulassem através de relatórios e pareceres sociais. Assim, os assistentes sociais poderiam contribuir não somente com o atendimento na sua instituição e com a sua equipe, mas com a mobilização da rede de serviços no território, principalmente com a municipalização dos serviços. Aqui aproveitamos para destacar o papel e a responsabilidade da gestão para manter o funcionamento e para criar os mecanismos de gestão que promovam as articulações e comunicações entre os diversos serviços sociais em rede. Entretanto, vale ressaltar que os serviços são prestados pelos profissionais e em sua alçada de intervenção estão vários mecanismos que podem provocar a "conversa" entre equipes e serviços, apoiados que estejam nas próprias definições programáticas das políticas sociais e no apoio às reivindicações da população em relação à qualidade dos serviços.

O registro de dados a partir dos atendimentos realizados pelos assistentes sociais tem se constituído numa exigência institucional, para levantamentos estatísticos (mapas, informativos, quadros, tabelas) e para o registro da produtividade do serviço. Tal requisito é pertinente à rotina e às obrigações institucionais, mas quando esse registro institucional é o único realizado ou é a motivação principal para o uso da documentação pelos profissionais, cabe uma reflexão técnica e ética.

Sobre a documentação utilizada pelos assistentes sociais nas ações de caráter individual, é comum observarmos que ainda falta uma qualificação maior para esses registros, a exemplo da ficha social, do relatório, do prontuário, do parecer social e dos livros de ocorrência.[7] Por vezes essa documentação se reduz a um cadastro com a identificação do usuário com fins meramente burocráticos, sem esquecer que ainda são encontradas nomenclaturas como anamnese social.[8] As atuais condições para o exercício profissional dificultam a realização de pesquisas e análises a partir desses registros, reforçando as práticas desprovidas de planejamento e avaliação sistemática. Ademais, os profissionais enfrentam dificuldades para garantir o direito e o dever ao sigilo profissional, conforme preconiza o Código de Ética, pois dispõem de espaços físicos inadequados e de condições insuficientes para a guarda da documentação. Em algumas situações, os profissionais chegam a utilizar as fichas sociais como documentação para a prestação de contas de recursos utilizados nos serviços. Ressaltamos, ainda, a tendência para um registro profissional que atende apenas aos requisitos institucionais, restritos aos dados quantitativos, e pouco explora as possibilidades para uma maior qualificação da ação profissional. Lembramos, ainda, as dificuldades encontradas pelos CRESS para garantir o lacre do material do Serviço Social[9] quando não há substituição imediata de profissionais na instituição.

Ainda sobre a documentação utilizada pelo assistente social, podemos classificá-la como *documentação técnica* e *documentação burocrático-administrativa/documentação oficial*. Na primeira estão os documentos próprios ao exercício profissional do assistente social: ficha social, evolução ou acompanhamento social, formulários de entrevista, registros de visitas domiciliares, mapas de acompanhamento ou atendimento, relatórios, livros de ocorrência ou de registro de atividades do Serviço Social. Lembramos que essa documentação

---

7. Em muitas instituições este é o único registro do Serviço Social, o que demonstra um total descuido para com todos os aspectos aqui apresentados. Estes livros geralmente ficam acessíveis a todos e funcionam muito bem para a comunicação direta entre os profissionais e para registrar as providências em andamento. Não devem ser utilizados para os registros sobre os usuários.

8. Nomenclatura ainda utilizada e que expressa uma visão biossocial, transposta da análise biomédica, própria do Serviço Social de base conservadora.

9. Cf. Resolução CFESS n. 556/2009, de 15 de setembro de 2009.

é de inteira responsabilidade e autoridade do assistente social, cabendo a ele a definição da forma e conteúdo dela, e cabe à instituição prover as condições para materializar a documentação, que deve ser guardada no espaço físico da instituição, resguardando-se o sigilo profissional. Dentre as documentações técnicas algumas são compartilhadas pela equipe, considerada aqui como documentação técnica da equipe: fichas de acompanhamento, prontuários, relatórios, mapas, murais. Esta documentação da equipe não elimina a documentação técnica do Serviço Social, pois esta fundamentará a contribuição do assistente social ao registro da equipe, como veremos mais adiante, especialmente com o "prontuário do usuário".

Falemos, ainda, da documentação burocrático-administrativa caracterizada por: cadastros de usuários, fichas de admissão dos usuários, mapas estatísticos, relatórios administrativos, documentação oficial. Esta última se refere a: ofícios, comunicados, cartas, memorandos, atas, convites, pareceres administrativos, declarações para usuários e para instituições. Esta documentação oficial também circula entre os profissionais, mas exige que as equipes disponham de apoio administrativo para isso, pois esta ausência tem acarretado sobrecarga de trabalho com o preenchimento de documentação, o que acaba deixando a burocracia como o fim na atuação de muitos profissionais, especialmente com a fragilidade da estrutura material e pessoal das instituições. Chegamos a observar que muitos assistentes sociais elaboram sua documentação em casa, em *lan-houses*, pela ausência de condições no local de trabalho.[10] Destacamos, ainda, que essa documentação oficial utilizada pelo Serviço Social deve versar sobre conteúdos relativos aos atendimentos realizados por este profissional, como os convites para reuniões do Serviço Social e as declarações de comparecimento ao atendimento do Serviço Social. Também não cabe ao assistente social chancelar ou testemunhar, com a sua assinatura e carimbo, a documentação administrativa assinada

---

10. Aqui temos que lembrar a Resolução CFESS n. 493/2006, de 21 de agosto de 2006, que dispõe sobre as condições éticas e técnicas do exercício profissional do assistente social.

pelos usuários, pois estes têm autonomia e capacidade para assumirem as suas declarações perante a instituição. Vemos isso em situações como: declaração de ausência de rendimento, autorização para internação de criança, documentação de usuário com transtorno mental, declaração de aceitação das normas institucionais. Nessas situações, o assistente social pode contribuir no esclarecimento sobre essas documentações, e pode ainda solicitar as providências da instituição para que haja pessoal de apoio administrativo e equipamentos que facilitem a apresentação das documentações exigidas ao usuário pela instituição.

As fichas sociais preenchidas ao longo do acompanhamento social ficarão sob a guarda do Serviço Social em prontuários acessíveis apenas aos profissionais dessa equipe, inacessíveis ao pessoal de apoio administrativo. Essa guarda em prontuários permite a retomada dos registros em situações em que o usuário volta a ser atendido pelo profissional na instituição ou para a elaboração de pareceres sociais emitidos com a finalidade de colaborar com a atenção aos usuários por profissionais de outras instituições (mais adiante falaremos sobre o parecer social).

Ainda sobre a documentação do assistente social, outro ponto a ser abordado é o registro no prontuário da equipe multiprofissional. A cada profissão cabe a "evolução" da situação do usuário a partir da perspectiva de análise fundamentada nos conhecimentos dominados por cada profissional. Sendo uma opinião técnica, que inclui recomendações e solicitações a outras profissões, é pertinente considerar esses registros como pareceres circunstanciais, que podem mudar de acordo com a "evolução" da situação. Dessa forma, seria mais pertinente chamar esse documento técnico de "prontuário do usuário", no qual cada profissional contribui com os pareceres necessários para enriquecer o conhecimento sobre a situação acompanhada e para garantir a continuidade das informações. Assim, não é um mero registro de providências e muito menos é o espaço para a anotação alongada de cada profissional, que deveria ter o seu registro próprio com o resguardo do sigilo exigido e garantido por cada profissão.

Esse prontuário também pode conter avaliações conjuntas, fruto de reuniões da equipe, o que não elimina os registros de cada profissão.[11] O prontuário do usuário, ao mesmo tempo em que sumaria procedimentos e avaliações da equipe sobre os usuários, também é um importante instrumento de comunicação, evitando-se condutas repetitivas e até danosas aos usuários.

Devemos situar o parecer social como parte de uma ação privativa dos assistentes sociais: a realização de estudo social (também chamado de Perícia Social ou Exame Criminológico, no âmbito do judiciário) para fins de emissão de parecer social (termo mais utilizado), laudo social (em processos jurídicos) ou relatório social (pareceres para acompanhamento de situações e medidas socioeducativas). A literatura profissional já detalha os aspectos teóricos, éticos e políticos do estudo social,[12] aqui queremos destacar o caráter privativo desse estudo e a necessidade de qualificá-lo para além de uma peça burocrática, componente de processos. Apesar de ser um estudo, trata-se de uma intervenção (através de entrevistas com usuários e sua rede de relacionamento, visitas domiciliares[13] e institucionais) sobre uma situação específica. Isto envolve sujeitos individuais e coletivos e pode ser o início de um acompanhamento social, evitando-se que o profissional de Serviço Social seja apenas o repassador ou tradutor de uma determinada realidade, sem comprometimento com as problemáticas e os desdobramentos sociais.

---

11. A Resolução CFESS n. 557/2009, de 15 de setembro de 2009, que dispõe sobre a emissão de pareceres, laudos, opiniões técnicas conjuntos entre o assistente social e outros profissionais, destaca que mesmo participando de equipes multiprofissionais, "a elaboração, emissão e/ou subscrição de opinião técnica sobre matéria de SERVIÇO SOCIAL por meio de pareceres, laudos, perícias e manifestações é atribuição privativa do assistente social [...]" (p. 2). Acrescentamos que o levantamento de informações sobre a vida cotidiana e familiar do usuário tem sido uma atribuição dos assistentes sociais nos programas e projetos sociais, cujos dados são sistematizados e repassados para a equipe, para que sejam considerados no atendimento.

12. Destacamos especialmente os trabalhos de Fávero (apud CFESS, 2003) e Mioto (2001).

13. Os profissionais podem realizar as visitas domiciliares para conhecer e orientar os usuários e sua família e não com objetivos de fiscalização, como muitas vezes coloca a requisição institucional.

Ao tratarmos dos procedimentos de caráter individual utilizados pelos assistentes sociais, destaca-se que o relacionamento entre assistentes sociais e usuários é fundamental para concretizar o acesso destes últimos aos serviços institucionais. Através desse contato individual, que se repete cotidianamente e em grande quantidade, os assistentes sociais colocam-se diante das inúmeras manifestações da *questão social* e diante do seu rebatimento na vida das pessoas. Veremos a seguir as possibilidades para que a ação profissional não se limite a essa dimensão individual e as dificuldades que se apresentam no atual contexto.

2. Ações profissionais, procedimentos e instrumentos de caráter coletivo para o atendimento aos usuários dos serviços sociais

Atualmente, observa-se em diversos espaços institucionais de inserção dos assistentes sociais uma tendência à utilização prioritária das ações e dos instrumentos de caráter individual — com ênfase na entrevistaenadocumentação —utilizadosparaviabilizaraaproximação com o usuário e o preenchimento das normas burocráticas, havendo baixa incidência de procedimentos coletivos (Prédes, 2007; Bispo, 2008). Ações de socialização das informações, ainda que sejam hoje majoritariamente realizadas através de procedimentos individuais, colocam a possibilidade de que os assistentes sociais invistam em práticas coletivas, embora os profissionais demonstrem ter algumas dificuldades no uso dos instrumentos próprios a essas práticas, tais como: a reunião, a realização de grandes encontros com a população, o uso de instrumentos audiovisuais, dinâmicas de grupo, material educativo, uso de recortes de jornais e revistas, para citar apenas alguns. As palestras têm sido bastante utilizadas, mas ainda centradas nas informações sobre a legislação, sobre as normas da instituição e sobre as formas de acessar seus benefícios e serviços.

Dentre os procedimentos de caráter coletivo, os grupais são aqueles que envolvem o atendimento dos usuários em agrupamentos organizados pelos assistentes sociais, geralmente tomandocomocritério a existência de situações comuns, de necessidades comuns. Os grupos assumem características bem diferenciadas e o seu desenvolvimento faz parte de um esforço profissional voltado à ampliação das possibilidades de compreensão e reflexão dos usuários, através da convivência entre pessoas que possuem necessidades e situações de vida semelhantes.

Para as demandas relacionadas à saúde, por exemplo, os procedimentos de caráter grupal estão muito presentes nas ações de educação em saúde, que envolvem a realização de oficinas (principalmente através de reuniões) com grupos de usuários, nas quais os assistentes sociais promovem: discussões sobre as condições de saúde e higiene e sobre a relação entre cidadania e saúde; orientações sobre a prevenção de doenças. Nessas oficinas os profissionais utilizam recursos como filmes, álbuns seriados, cartazes, leitura de textos, música, entre outros.

Os grupos podem ser formados espontaneamente, como aqueles constituídos nas salas de espera dos ambulatórios, através de reuniões dos usuários, geralmente de caráter informativo sobre diferentes problemáticas e/ou sobre a instituição. Os grupos também podem ser constituídos com certa regularidade e certa continuidade e/ou podem ser grupos esporádicos, não só para o repasse de informações, como também para oferecer um espaço de compartilhamento de experiências e para fortalecer os vínculos entre usuários na mesma situação. Em geral, os assistentes sociais coordenam as reuniões desses grupos, promovendo o debate. Os grupos assumem diversas características, tipificadas pelos próprios profissionais: "grupos de caráter reflexivo-informativo", nos quais se promove a troca de informações e compartilhamento de experiências; "grupo de situação", considerado um grupo operativo; "grupo terapêutico"; "grupo de apoio"; "grupo associativo", que comporta os membros de associação de portadores de doenças específicas; "grupos de ajuda mútua", cuja proposta é superar mero atendimento individual coletivo (Trindade, 1999).

Para as ações profissionais mais ampliadas, voltadas a organizações sociais que extrapolam o universo interno das instituições, destacamos outras ações e instrumentos de caráter coletivo. Os profissionais necessitam acionar instrumentos que: possibilitem uma comunicação, atinjam um maior número de pessoas, dinamizem reflexões e decisões coletivas, viabilizem o repasse de informações com potencial de multiplicação muito maior do que os realizados nos grupos específicos.

Apesar de as iniciativas coletivas ainda estarem mais restritas à formação de grupos no interior da instituição, há demanda para que os assistentes sociais participem de atividades organizadas por movimentos sociais e entidades organizativas da sociedade civil, no sentido de informarem sobre os direitos e apoiarem as reivindicações dos trabalhadores. Os assistentes sociais participam de reuniões em associações de bairro e sindicatos, a fim de repassarem informações sobre direitos sociais, convocam reuniões com organizações de bairro e/ou entidades representativas. Nesse trabalho, os profissionais utilizam o instrumento da reunião — através da qual realizam palestras informativas e/ou dinamizações para discussões e utilizam materiais audiovisuais.

Outra demanda de atuação é a mobilização e a organização dos conselhos de direitos e de políticas sociais, quando os profissionais podem estar mais próximos das diversas organizações sociais (sindicatos, associações, clubes, entidades) existentes nos municípios e necessitam desenvolver habilidades políticas para lidar com os interesses dessas organizações, e para abrir espaços para a representação e as reivindicações da população. Isso amplia a ação para além das relações estabelecidas no interior da instituição e coloca o assistente social diante das problemáticas presentes na dinâmica social, o que exige uma capacidade maior de mobilizar recursos sociais e de promover ações coletivas que atinjam maiores contingentes populacionais. Um exemplo desse trabalho está na intensa participação dos assistentes sociais nos processos de mobilização para a realização das Conferências de Saúde, de Saúde Mental, de Assistência Social, de Infância e Adolescência, dentre outras.

As ações coletivas de informação, mobilização e organização dos conselhos são dinamizadas por: oficinas, aulas expositivas, palestras, seminários, reuniões, realização de debates para aprofundar temáticas que aparecem no cotidiano do conselho. Além disso, recorre-se a instrumentos de planejamento para auxiliar na elaboração de projetos e planos, juntamente com representantes de entidades, a serem propostos aos conselhos. A assessoria técnica dos conselhos pelos assistentes sociais envolve o esclarecimento aos membros sobre as diretrizes institucionais da política, a fim de subsidiar suas deliberações. Também é comum o profissional assumir a secretaria executiva do conselho, embora haja uma tendência de restringir-se às tarefas burocráticas do cargo, especialmente a elaboração de pautas e atas das reuniões.

Em alguns programas e projetos específicos, os assistentes sociais participam de "redes de apoio", que envolvem profissionais, usuários e/ou familiares e instituições que atuam com portadores de problemas específicos. Quando existem associações de portadores de necessidades especiais, o assistente social funciona como assessor, articulador, facilitador e intermediador entre estas e a instituição de saúde. Na Saúde Mental, os assistentes sociais têm participado da luta "antimanicomial", inclusive mobilizando os próprios usuários dos serviços para participarem dos eventos e discussões. Nas unidades básicas de saúde é muito comum o desenvolvimento de ações de educação em saúde voltadas aos moradores dos bairros urbanos e áreas rurais, quando se procura ampliar as ações de saúde para contingentes populacionais maiores do que aqueles atendidos diretamente na instituição. Os profissionais realizam palestras, atividades de capacitação para agentes comunitários e sindicais — tornando-os multiplicadores da educação em saúde —, divulgam os serviços disponíveis na instituição, para citar alguns exemplos. Essas ações trazem em si um componente informativo aliado à tentativa de mobilizar os usuários para assumirem atitudes individuais e coletivas de prevenção e cuidados com a saúde.

Nas ações coletivas a documentação também é um item muito importante, ainda que menos valorizada pelos profissionais, principalmente porque nem sempre esse registro é exigido pela instituição. Lembramos que os relatórios técnicos são muito úteis para o registro de reuniões e debates, o que não elimina os registros realizados pelos próprios participantes, através de atas e de murais com a memória dos encontros coletivos, quase sempre utilizados com a assessoria do assistente social. Para as atividades coletivas sequenciais, diferentes daquelas esporádicas, em que os participantes não são os mesmos, pode-se recorrer, além do relatório, à elaboração de mapas com indicadores como: participantes, assuntos debatidos, encaminhamentos, participação de convidados, entre outros. Esses registros, ainda que sintéticos, podem ser utilizados para avaliações e planejamentos. Atualmente a tecnologia oferece vários recursos mais acessíveis para registros: máquinas fotográficas digitais, filmadoras, gravadores de áudio. Estes recursos podem ser grandes aliados, mas por lidarem com a imagem das pessoas, os aspectos éticos precisam ser resguardados, especialmente quando o assistente social divulga o seu trabalho com esses usuários.

No cotidiano do exercício profissional, percebe-se que os assistentes sociais têm encontrado dificuldades para realizar ações de caráter coletivo e político, notadamente porque esse trabalho exige uma compreensão da dinâmica dos movimentos sociais e uma habilidade política que alguns dos profissionais ainda não têm desenvolvidas.[14] Também podemos considerar as atuais condições de trabalho, que interferem diretamente nas condições concretas para a construção de ações profissionais que ultrapassem os atendimentos individuais e permitam uma aproximação e um conhecimento da população usuária e de suas formas de organização coletiva. Trata-se de uma combinação de fatores, quais sejam: múltiplos vínculos, jornada de trabalho reduzida, aceitação das demandas pontuais e burocrático-administrativas decorrentes dos acordos sobre o cumprimento da carga horária de trabalho, baixa experiência política dos profissionais.

---

14. Percebe-se a baixa participação política dos assistentes sociais (cf. CFESS, 2005).

3. Ações profissionais, procedimentos e instrumentos de caráter administrativo-organizacional, utilizados na articulação inter e intrainstitucional e na organização e gestão dos serviços sociais

Historicamente, os assistentes sociais têm desempenhado atribuições relacionadas à execução de serviços sociais, o que envolve o contato direto com os usuários.[15] No entanto, os profissionais também participam da organização institucional desses serviços, desde quando os assistentes sociais foram incorporados às grandes instituições de política social, a partir dos anos 1940. É certo que a atuação dos assistentes sociais nas estruturas administrativas e planejadoras só adquire maior efetividade e visibilidade a partir dos anos 1970, no contexto de modernização do Estado e das instituições, durante o regime militar. Nos anos 1990, o processo de reordenamento das políticas de seguridade social — notadamente a partir do processo de municipalização das políticas de saúde e assistência social — tem requisitado assistentes sociais para atuar na estruturação institucional, na organização e gestão dos serviços.

Tais atribuições profissionais colocam para os assistentes sociais a necessidade de elaborar procedimentos e de lidar com instrumentos que possuem um perfil diferenciado daqueles utilizados no relacionamento direto com os usuários. Por isso, categorizamos as ações e os procedimentos administrativo-organizacionais como aqueles relativos às ações de articulação intra e interinstitucionais e às ações de organização e gestão dos serviços, já que através delas os assistentes sociais atuam em patamares diferenciados daqueles relativos ao atendimento ao usuário. Isso não significa que um ou outro tipo de atuação tenha importância diferenciada, mas é certo que têm configurações

---

15. Essa característica da profissão muitas vezes leva a interpretações de que a execução direta é necessariamente imediatista e desqualificada. Ainda que não possamos aprofundar essa discussão neste momento, pensamos que ser um executor de serviços não significa ter uma atuação burocratizada, tecnicista e até desprofissionalizada. Ao contrário, o desafio é qualificar este espaço nas instituições, pois é nele que estão as condições concretas historicamente colocadas para o trabalho do assistente social.

diversas. Outrossim, não significa que no atendimento direto ao usuário os assistentes sociais não utilizem os procedimentos administrativo-organizacionais, haja vista o imprescindível trabalho de articulação intra e interinstitucional necessário para a viabilização dos atendimentos, quando o assistente social recorre a outros serviços e quando utiliza o encaminhamento como um dos principais instrumentos para concretizar o acesso dos usuários aos serviços, complementando o atendimento que muitas vezes não se concretiza somente numa instituição.

Nos serviços sociais, as atividades de articulação intra e interinstitucional estão presentes no Serviço Social. O profissional de Serviço Social participa tanto da cooperação que se estabelece no nível horizontal das ações quanto no nível vertical. Os assistentes sociais assumem inúmeras atribuições direcionadas à manutenção de uma base de apoio para a permanência do usuário na estrutura institucional. Essas atividades pautam-se em articulações que envolvem familiares, profissionais e outras instituições. As articulações interinstitucionais mobilizam (quase sempre) uma rede de assistentes sociais, que se comunica entre si para viabilizar o atendimento nas várias instituições.

Quando o assistente social participa da equipe multiprofissional responsável por programas e projetos sociais,[16] ele desempenha um importante papel de agente aglutinador e mobilizador da equipe, bem como contribui para a montagem da estrutura institucional de atendimento dos usuários envolvidos nas ações. O assistente social demonstra ter uma visão mais abrangente da instituição e das possibilidades de acionamento de recursos institucionais em prol dos objetivos do trabalho. Outro ponto que se destaca é a capacidade de articulação dos assistentes sociais com outras instituições, tanto no intercâmbio de serviços que ajuda na viabilização do trabalho, no papel de divulgação dos projetos e/ou no treinamento de funcionários

---

16. A posição majoritária do assistente social nessas equipes é a de executor direto dos serviços, mas isso não exclui a sua participação no processo de elaboração desses projetos. Aliás, muitas vezes a iniciativa de organização do programa específico parte dos assistentes sociais, tal a sua capacidade de potencializar demandas, transformando-as em iniciativas de atendimento à população.

envolvidos. Isto facilita o próprio encaminhamento dos usuários nos casos em que a instituição de origem não consegue atender. Os assistentes sociais assumem a mobilização de diversas instituições, não só no sentido de angariar recursos e serviços, como também no sentido de despertar profissionais e usuários para a organização em torno de reivindicações pertinentes à realidade dos usuários e para o aumento de consciência sobre os seus problemas.

Para esta participação do assistente social nas equipes parece ainda ser necessária uma maior clareza sobre o trabalho em equipe desenvolvido nas instituições, o processo que possibilita compreender a participação dos assistentes sociais no processo de atendimento de demandas sociais assumido pelas instituições, o qual depende do intercâmbio de ações profissionais com formações diferenciadas. A cada um desses profissionais cabe a tarefa de contribuir da forma mais qualificada possível, o que permite uma melhor visão e reconhecimento do que seja papel de cada um na instituição. Até porque, limitar-se àquilo que é determinado pela lógica institucional, sem vislumbrar a ampliação das possibilidades de intervenção, leva o assistente social a ser um mero cumpridor de tarefas, sem a capacidade propositiva, que o fará um profissional atuante e reconhecido coletivamente.

A reorganização dos serviços sociais, a partir da descentralização e da municipalização, tem colocado mais demandas que envolvem os procedimentos administrativo-organizacionais próprios ao reordenamento das estruturas institucionais. Quando as Prefeituras assumem os serviços sociais municipalizados, demandam não somente a organização do atendimento direto à população, como também a organização institucional das Secretarias Municipais e de seus serviços, especialmente de Saúde e de Assistência Social. E nesse âmbito de organização e de gestão dos serviços os assistentes sociais também estão envolvidos em ações de planejamento, de administração, de captação de recursos financeiros e elaboração de orçamentos. Com isso são utilizados instrumentos como: planos, programas, projetos, planilhas, relatórios, mapas, organogramas, documentação oficial, além da utilização de recursos tecnológicos, alguns deles via internet.

Os profissionais participam da elaboração dos Planos Municipais, da organização das atividades de gestão dos serviços, pois estão presentes na equipe técnica que coordena as atividades das Secretarias Municipais. Com isto, tem sido exigido do assistente social o domínio de conhecimentos sobre organização, planejamento e composição do orçamento público, o que nem sempre está sedimentado na formação profissional. Prefeitos, secretários, gestores, coordenadores de programas, conselheiros e pessoas envolvidas em entidades prestadoras de serviços demandam do assistente social a decodificação do arcabouço jurídico-político das políticas sociais.

Assim, podemos perceber como essa demanda pela organização e gestão de serviços tem se colocado com muita intensidade entre as práticas de Serviço Social nas políticas sociais reestruturadas e descentralizadas. Essa inserção profissional nas esferas administrativo--organizacionais das instituições de políticas sociais não é propriamente uma novidade, pois o Serviço Social tem uma expansão de seu mercado de trabalho, nos anos 1970, também para atender a uma demanda semelhante. Entretanto, trata-se de um novo contexto das políticas sociais descentralizadas e municipalizadas.

Mostramos neste item como os assistentes sociais têm participado das ações de planejamento e de administração dos serviços e das instituições; entretanto é necessário ressaltar que isto não significa a consolidação das ações de planejamento e avaliação para as ações do Serviço Social, para a própria organização profissional em relação às suas atribuições e à sua contribuição na equipe. Nossas pesquisas sobre mercado de trabalho têm mostrado uma baixa frequência de planejamento da ação do Serviço Social, o que aponta para uma possível insuficiência de momentos de reflexão sobre as possibilidades de ação, sobre a sua organização prévia e sobre a posterior avaliação dos resultados alcançados. Paradoxalmente, quando investigamos a prática de avaliação das ações, esta apresenta um percentual maior do que a prática do planejamento. Assim, parece que o assistente social está avaliando as ações juntamente com a equipe multiprofissional, mas, desconectado do planejamento.

4. Ações profissionais, procedimentos e instrumentos de formação profissional, de capacitação e de pesquisa

Neste último item abordaremos as ações profissionais que aparecem com menor incidência na atuação dos assistentes sociais nas instituições, ainda que algumas delas estejam em expansão no atual mercado de trabalho profissional. Iniciaremos com as ações de formação profissional, que, se por algum tempo ficaram restritas aos assistentes sociais professores dos cursos de graduação em Serviço Social e a alguns profissionais que desempenhavam a supervisão de estágio, atualmente crescem, no novo contexto de expansão dos cursos de Serviço Social, nas modalidades presencial e a distância.[17] Hoje existem assistentes sociais em várias funções docentes: professor efetivo e professor substituto nas universidades públicas, professores contratados pelos cursos privados (presenciais e a distância), tutor nos cursos a distância, tanto a tutoria a distância quanto a tutoria presencial.[18] Nesta realidade os profissionais passam a desempenhar

---

17. O Serviço Social — como profissão regulamentada e como área de conhecimento, através de suas entidades representativas — tem tornado público um firme posicionamento crítico em defesa da qualidade da sua formação profissional e dos serviços prestados à população e contra a precarização do trabalho e da formação dos assistentes sociais. Cf. documentos divulgados pelo CFESS, ABEPSS e ENESSO, nos sites www.cfess.org.br e www.abepss.org.br.

18. Segundo a atual política de ensino a distância, o tutor a distância tem a responsabilidade de promover espaços de construção coletiva de conhecimento, selecionar material de apoio e sustentação teórica aos conteúdos e, frequentemente, faz parte de suas atribuições participar dos processos avaliativos de ensino-aprendizagem, junto com os docentes. A tutoria presencial atende aos estudantes nos polos, em horários preestabelecidos. Este profissional deve conhecer o projeto pedagógico do curso, o material didático e o conteúdo específico dos conteúdos sob sua responsabilidade, a fim de auxiliar os estudantes no desenvolvimento de suas atividades individuais e em grupo, fomentando o hábito da pesquisa, esclarecendo dúvidas em relação a conteúdos específicos, bem como ao uso das tecnologias disponíveis. Participa de atividades presenciais obrigatórias, tais como avaliações, aulas práticas em laboratórios e estágios supervisionados, quando se aplicam. O tutor presencial deve estar em permanente comunicação tanto com os estudantes quanto com a equipe pedagógica do curso. Pesquisas realizadas indicam muitas fragilidades e irregularidades no exercício da tutoria, nos polos presenciais de EAD (cf. Trindade et al., 2010b).

ações e utilizam instrumentos de caráter pedagógico, incrementados pelo uso das tecnologias da informática.

Nesse contexto de crescimento dos cursos de Serviço Social, também é necessário que mais assistentes sociais assumam a atribuiçãoprivativadesupervisãodiretadeestágio,[19] tantoasupervisão acadêmica quanto a supervisão de campo, com importância vital no processo de formação profissional. Com a intensificação da precarização do mercado de trabalho para o assistente social e das políticas sociais (Cavalcante e Prédes, 2010), muitos problemas estão eclodindo nesse processo. Muitos deles vinculados à ausência ou insuficiência das condições éticas e técnicas para o exercício profissional dos assistentes sociais nas instituições e que vão rebater diretamente na realidade do estágio, seja ele obrigatório ou não obrigatório.[20]

Destacamos, até agora, as ações de formação própria ao ambiente acadêmico da universidade, mas outras ações desse tipo estão presentes em várias instituições onde atuam os assistentes sociais. Como vimos anteriormente, estes profissionais assumem atribuições no âmbito do planejamento e gerenciamento de recursos e serviços, e junto com elas muitas vezes também estão ações próprias à capacitação dos recursos humanos da instituição. Outrossim, os assistentes sociais também se responsabilizam pela capacitação dos usuários, especialmente aqueles participantes de grupos, conselhos, entidades e organizações. Ressaltamos que nas ações desse tipo os profissionais utilizam instrumentos acadêmico-científicos, instrumentos de pesquisa e instrumentos didático-pedagógicos.

Por fim destacamos as ações de pesquisa, utilizadas pelos assistentes sociais não só como pesquisa acadêmica, vinculadas aos cursos de pós-graduação, mas como ação que possibilita o conhecimento sistemático da realidade com a qual trabalha o profissional. Nesse sentido, o domínio das concepções sobre investigação e dos instrumentos de pesquisa, sistematização e exposição dos resultados são fundamentais. Mais uma vez é necessário situar as condições concre-

---

19. Nos termos da Resolução CFESS n. 533, de 29 de setembro de 2008.

20. Nos termos da atual legislação sobre estágio (cf. Brasil, 2008).

tas do exercício profissional na realidade, que dificultam a realização de ações desse tipo, pois contrariam as tendências dominantes de uma rotina profissional plena de providências imediatas, acúmulo de atribuições, algumas delas indevidas para o assistente social, sem qualquer condição para o conhecimento da realidade. Dessa forma, boa parte dos profissionais apenas reitera os procedimentos institucionais e não consegue propor uma intervenção amparada em dados sistematizados e analisados, fundamentada na pesquisa bibliográfica e em estudos e pesquisas. Vale ressaltar que nas experiências profissionais qualificadas e propositivas são imprescindíveis as ações de pesquisa e a reflexão permanente sobre a realidade, para além do imediato apresentado pelas demandas institucionais.

Considerações finais

Concluímos este esforço de sistematização sobre as ações profissionais, os procedimentos e os instrumentos utilizados pelos assistentes sociais ressaltando que sua configuração acompanha as alterações históricas da base sócio-organizacional do Serviço Social. As demandas e requisições colocadas ao Serviço Social estão permeadas pelas determinações históricas das políticas sociais — marcadas pelas relações sociais de produção —, e o trabalho profissional assume perfis diferenciados em diferentes conjunturas. Ainda que alguns instrumentos e técnicas constituam o acervo interventivo dos assistentes sociais desde os seus primórdios, eles são acionados como parte das ações que constituem um processo de intervenção nas relações sociais. Assim, o instrumental coloca-se como um conjunto articulado historicamente, pois faz parte do atendimento de demandas sociais relacionadas a necessidades reais, permeadas pelas relações sociais. Não se constituindo, portanto, num acervo neutro e meramente técnico, embora assim seja apresentado pelo pensamento dominante, racionalista-formal.

Na ação do Serviço Social nas instituições os profissionais assumem atribuições e tarefas vinculadas ao atendimento direto aos usuários dos serviços sociais, ainda que também participem das esferas de planejamento e administração institucional. Historicamente, esses atendimentos envolvem a elaboração de procedimentos interventivos de caráter individual e coletivo — potencializados por um conjunto de instrumentos e técnicas. O assistente social é o agente institucional que viabiliza o acesso da população usuária a boa parte dos serviços sociais, sendo muito comum que a entrada e a saída do usuário da instituição passem pelo crivo do profissional de Serviço Social. O profissional realiza a coleta de informações sobre a situação socioeconômica do usuário que possam justificar a liberação de determinados recursos e serviços, especialmente quando a demanda está maior do que a oferta dos recursos institucionais, cabendo ao profissional empregá-los racionalmente; além disso, é tarefa do assistente social divulgar e esclarecer os usuários sobre as normas institucionais e sobre os serviços. A realização de ações educativas sobre as questões que envolvem os serviços sociais também é empreendida por esses profissionais. Assim, as ações, os procedimentos e os instrumentos são elaborados de acordo com as exigências do tipo de atividade a ser realizada e da situação em que se encontra o usuário. Daí, a variedade de intervenções nos âmbitos individual, coletivo, administrativo e organizacional e de formação/capacitação/pesquisa, que são parte do desempenho profissional, intrínsecas às exigências colocadas pelas necessidades de regulação das relações sociais — atendidas por iniciativas de intervenção social desenvolvidas no espaço sócio-ocupacional onde o Serviço Social está situado.

Referências

AMORIM, A. G. C. de. *O Serviço Social e a institucionalização das demandas sociais:* um estudo a partir das necessidades sociais no capitalismo. 2010. Dissertação (Mestrado) — Programa de Pós-Graduação em Serviço Social, Faculdade de Serviço Social, Universidade Federal de Alagoas, Maceió.

BISPO, P. K. G. *Estudo sobre as atribuições/competências do assistente social no mercado de trabalho profissional na conjuntura do governo de Luiz Inácio Lula da Silva*. 2007. 105 f. Monografia (Graduação em Serviço Social) — Universidade Federal de Alagoas, Maceió. Disponível em: <http://www.mec.gov. br/ seed/indicadores.shtm>. Acesso em: 10 out. 2010.

BRASIL. Lei n. 11.788, de 25 de setembro de 2008. Dispõe sobre o estágio de estudantes. *Diário Oficial* [da República Federativa do Brasil], Brasília, DF, 26 set. 2008. Disponível em: <http://www. planalto.gov.br/ccivil_03/_ato2007-2010/2008/lei/l11788.htm>. Acesso em: 20 dez. 2010.

CAVALCANTE, G. M. M.; PRÉDES, R. A precarização do trabalho e das políticas sociais na sociedade capitalista: fundamentos da precarização do trabalho do assistente social. *Revista Libertas On-line*, Juiz de Fora, v. 4, n. 2, p. 1-24, jul. 2010.

CFESS. *Assistentes sociais no Brasil*: elementos para o estudo do perfil profissional. Brasília: CFESS, 2005.

CONSELHO FEDERAL DE SERVIÇO SOCIAL (CFESS) (Org.). *O estudo social em perícias, laudos e pareceres técnicos*: contribuição ao debate no judiciário, penitenciário e na previdência social. São Paulo: Cortez, 2003.

_____. Resolução CFESS n. 493/2006, de 21 de agosto de 2006. Dispõe sobre as condições éticas e técnicas do exercício profissional do assistente social. In: CFESS. *Legislações e resoluções sobre o trabalho do/a assistente social*. Brasília: CFESS, 2011a.

_____. Resolução CFESS n. 533, de 29 de setembro de 2008. Regulamenta a supervisão direta de estágio no Serviço Social. In: CFESS. *Legislações e resoluções sobre o trabalho do/a assistente social*. Brasília: CFESS, 2011b.

_____. *Parâmetros para atuação de assistentes sociais na política de assistência social*. Brasília: CFESS, 2009.

_____. Resolução CFESS n. 556/2009, de 15 de setembro de 2009. Procedimentos para efeito da lacração do material técnico e material técnico-sigiloso do Serviço Social. In: CFESS. *Legislações e resoluções sobre o trabalho do/a assistente social*. Brasília: CFESS, 2011c.

_____. Resolução CFESS n. 557/2009, de 15 de setembro de 2009. Dispõe sobre a emissão de pareceres, laudos, opiniões técnicas conjuntos entre o assistente social e outros profissionais. In: CFESS. *Legislações e resoluções sobre o trabalho do/a assistente social*. Brasília: CFESS, 2011d.

CFESS. Resolução CFESS n. 569, de 25 de março de 2010. Dispõe sobre a vedação da realização de terapias associadas ao título e/ou ao exercício profissional do assistente social. In: CFESS. *Legislações e resoluções sobre o trabalho do/a assistente social*. Brasília: CFESS, 2011e.

_____. *Parâmetros para a atuação de assistentes sociais na política de saúde*. Brasília: CFESS, 2010.

MIOTO, R. Perícia social: proposta de um percurso operativo. *Revista Serviço Social & Sociedade*, São Paulo, Cortez, n. 67, p. 145-158, 2001.

PRÉDES, R. (Org.). *Mercado de trabalho do Serviço Social:* fiscalização e exercício profissional. Maceió: EDUFAL, 2002.

_____ (Org.). *Serviço Social, políticas sociais e mercado de trabalho profissional em Alagoas*. Maceió: EDUFAL, 2007.

RIOS, T. *Ética e competência*. São Paulo: Cortez, 1993.

TRINDADE, R. L. P. *Desvendando o significado do instrumental técnico-operativo na prática profissional do Serviço Social*. 1999. 345 f. Tese (Doutorado) — Escola de Serviço Social, Universidade Federal do Rio de Janeiro, Rio de Janeiro.

_____. Desvendando as determinações sócio-históricas do instrumental técnico-operativo do Serviço Social na articulação entre demandas e projetos profissionais. *Revista Temporalis*, Rio de Janeiro, ABEPSS, n. 4, p. 21-42, 2002.

_____ et al. Os assistentes sociais nos serviços sociais públicos municipais de assistência social, saúde e educação: relações de trabalho e condições concretas para o exercício profissional. In: CONGRESSO BRASILEIRO DE ASSISTENTES SOCIAIS, 13., 2010a. *Anais...* Brasília, 2010a.

_____ et al. Interiorização da formação profissional e do mercado de trabalho do assistente social na atualidade. In: CONGRESSO BRASILEIRO DE ASSISTENTES SOCIAIS, 13., 2010b. *Anais...* Brasília, 2010b.

INSTRUMENTAL TÉCNICO E O SERVIÇO SOCIAL

Hélder Boska de Moraes Sarmento

Como ponto de partida deste texto, no que se refere à produção do conhecimento em Serviço Social, é preciso reconhecer a significativa conquista teórica alcançada no campo da tradição marxista com ênfase na explicação crítica da sociedade capitalista sem, no entanto, evidenciar o mesmo vigor e dedicação teórica à intervenção profissional.

Isto não significa dizer que é um assunto que margeia o esquecimento no debate profissional (não são poucos os alertas de nossos intelectuais a respeito disto), mas também não é possível afirmar que esta discussão esteja ganhando centralidade como objeto de preocupação dos principais pesquisadores da área e/ou das instituições onde se realiza pesquisa em Serviço Social.

Também é interessante destacar, neste introito, o constante "apelo" por "respostas" acerca dessa dimensão interventiva por parte de estudantes de graduação, pós-graduação e de profissionais que estão atuando na área do Serviço Social. Isto sinaliza que ainda é uma discussão teórica e prática em aberto, rica de possibilidades, dicotomias e contradições, mas que precisa receber um tratamento investigativo e produtivo para que não seja desqualificada por princípio.

Por conceber a realidade social como dinâmica e em movimento, entendo que estas manifestações querem dizer alguma coisa e, longe de acreditar que é um debate desatualizado, esgotado e já superado, protagonizado por profissionais que ainda não compreenderam com clareza os fundamentos teóricos e metodológicos do Serviço Social. Defendo que não reconheço uma profissão interventiva (como a do Serviço Social) que prescinda desta discussão, e vejo que nunca é tarde para provocá-la de forma intensa e o mais qualificada possível. Esta posição tem me levado, com maior intensidade do que antes, a estudar e pesquisar a formação e exercício profissional do assistente social, seu pensar e fazer, o que venho denominando de "ser profissional" nos dias de hoje.

Acredito que este pensar e fazer do profissional de Serviço Social leva necessariamente a problematizar, a discutir o que faz o assistente social em seu cotidiano, como faz e para que faz. Se este fazer é velho ou novo, e se transforma tudo ou não transforma nada.

A discussão não pode ficar limitada apenas ao dever ser, ao âmbito normativo do fazer que acontece porque não se pode realizar de outra maneira, deriva da obrigatoriedade de atuar por puro respeito à lei, à ordem, à moral, à autoridade institucional, como único caminho para a liberdade representada pela tradição e pelos costumes. Esse dever aparece na prática, no senso comum, nas aulas e, muitas vezes, nos livros. Na maioria das vezes, se tem uma representação da prática, se diz o que deve ser feito, como se existissem manuais para este pensar e fazer. Não estou à procura do que está escrito em um manual e muito menos do que se fala sobre a prática, mas do que se faz. Porém, muitas vezes o discurso profissional marginalizou o que se faz, criando-se uma vanguarda sem retaguarda (Tragtenberg, 1978).

Este caminho de pesquisa e produção de conhecimento, longe de qualquer praticismo ou empirismo, precisa ser objetivado a partir de nossa formação e exercício profissional. Em minhas leituras, destaco alguns marcos de referência importantes, que se articulam a partir de algumas preocupações temáticas como elementos de análise: a contemporaneidade e a ideia de crise, o desenvolvimento científico e tecnológico e a condição do sujeito (enquanto homem que faz escolhas morais e aquele que é objeto de consumo). Estes eixos temáticos prioritários para "situar-se" indicam a necessidade de compreensão do que tenho chamado de:

a. O caminho de ida, da contemporaneidade ao cotidiano: reconhecendo a necessidade de pensar (fundamentos teóricos) a globalização, a tecnologia, as formas de apreensão do real (estilos de pensamento), as transformações nos modos de produção e reprodução social, as organizações, os conhecimentos procedimentais;

b. O caminho de volta, do cotidiano à contemporaneidade: a partir da apreensão do cotidiano, da ética e da política, a reprodução, da relação teoria-prática e teoria-realidade, o instrumental-técnico, a construção do objeto da ação profissional.

Isto para reafirmar que compreender a formação e o exercício profissional do assistente social é fazer falar o pensar e fazer deste, é articular estes caminhos em sua convergência, o movimento e a realidade do ser assistente social no cotidiano. O que significa também apreender os acúmulos teóricos desenvolvidos pelos estudos e pesquisas do Serviço Social, em particular acerca da categoria trabalho e seus fundamentos.

No meu entender, o Serviço Social implica processos de trabalho, o que significa articular a categoria trabalho a partir de três pontos interligados. O primeiro, enquanto categoria teórica (dimensão explicativa do homem enquanto sujeito histórico); o segundo, quanto à condição ética e política (o homem como ser moral); e o terceiro, a questão da prática (o homem como ser que cria, produz e reproduz suas necessidades e demandas). É a partir desta referência que identifico a fundamentação teórico-metodológica, ético-política e técnico--operativa do Serviço Social.

Figura 1. Síntese

Fonte: Arquivo do autor

Isto para considerar como uma articulação necessária, que envolve um conjunto de dimensões, que não se autoexplicam suficientemente por si mesmas, é um contínuo esforço de construção teórico e prática difícil e de grande complexidade. É construir permanentemente um movimento de compreensão da relação entre teoria e realidade que implica um conjunto de mediações entre os sujeitos profissionais e suas relações sociais nos mecanismos da produção e reprodução social. Compreensão que não se restringe apenas ao aspecto cognitivista, e também, que está muito além de qualquer sentido puro de aplicação.

Nesta concepção o homem não é apenas um ser que constrói, na sua consciência, um provável resultado de sua ação (teleologia), ele é um ser natural (natureza físico-biológico), um ser social (suas relações sociais) e um ser da cultura (linguagem). O homem, através do trabalho, mediatiza suas relações com o mundo para satisfação de suas necessidades e o faz tanto na matéria (objetivo) como na condição de sujeito (intersubjetividades). Porém, esse movimento em que realiza essas mediações não pode perder as determinações que sofre diretamente na relação trabalho e sociedade através das esferas econômica (base material), cultural (campo das ideias) e política e moral (inflexões do mundo do trabalho).

A DIMENSÃO TÉCNICO-OPERATIVA NO SERVIÇO SOCIAL

Quero dizer com isto que sempre quando há comprometimento desta condição ou eliminação desta forma de compreensão há descaracterização do trabalho e da condição humana. O trabalho e as formas de pensar sobre ele seguem as condições sócio-históricas em que os indivíduos vivem, implicando algumas dimensões que se compõem no campo das relações entre trabalho e sociedade de maneira geral, mas também, na particularidade do exercício profissional, quando o assistente social leva em conta a maneira como pensa e a forma como executa; indico algumas destas:

- *Dimensão concreta*, que se refere à tecnologia com a qual se pode contar para realizar o trabalho e às condições materiais e/ou ambientais em que se realiza;

- *Dimensão gerencial*, que se refere ao modo pelo qual o trabalho é gerido segundo o exercício das funções de planejar, organizar, dirigir e controlar;

- *Dimensão socioeconômica*, abrange a articulação entre o modo de realizar o trabalho e as estruturas sociais, econômicas e políticas no plano macro da sociedade;

- *Dimensão ideológica*, consiste no discurso elaborado e articulado sobre o trabalho, no nível coletivo e societal, justificando o entrelaçamento das demais dimensões, especialmente as relações de poder;

- *Dimensão simbólica*, abrange os aspectos subjetivos da relação de cada indivíduo com o trabalho, seus valores e sua cultura.

Vale aqui perguntar: seria assim tão simples ou possível controlar todas estas dimensões e suas variáveis no cotidiano profissional?

É importante reafirmar que o Serviço Social faz parte do trabalho coletivo, ou seja, produz efeito nas condições materiais e sociais daqueles que trabalham — reprodução da força de trabalho. Porém, o assistente social para seu exercício profissional não dispõe de todos os meios necessários para efetivação do seu trabalho, sejam financeiros, técnicos e humanos, pois depende de recursos, programas e projetos. As instituições organizam o trabalho do assistente social, assim como o profissional também organiza/operacionaliza as políticas institucionais e seus serviços, em suas distintas dimensões e em diferentes perspectivas (vale aqui reafirmar a posição de defesa dos direitos sociais, da liberdade e da democracia).

Ademais, esta preocupação faz considerar possível uma discussão específica acerca dos instrumentos e técnicas em Serviço Social, ou seja, sua discussão e apreensão, somente são possíveis a partir de uma dada concepção da realidade social, ou seja, a partir de uma fundamentação teórica. Para esta concepção *o trabalho* é categoria central na vida cotidiana do homem, é através dele que o homem cria, transforma e dá sentido ao mundo, mesmo que na sociedade capitalista ele seja um trabalho alienado.

A atividade teórica não é, de *per si*, uma forma de práxis, pois opera e transforma representações e conceitos, nunca a realidade. Porém, é fundamental, pois é a ela que corresponde à produção de objetivos e conhecimentos, seu objeto são as sensações ou percepções (subjetivas) e a elaboração de conceitos e representações (ideal).

O sujeito age sobre uma matéria que existe independentemente de sua consciência, mas põe em ação as forças naturais que formam suacorporeidade. Estaatividade se objetiva sobreanatureza, a sociedade ou os homens reais, sendo sua finalidade a transformação objetiva do mundo natural ou social para a satisfação de suas necessidades; e o resultado é uma nova realidade que subsiste independente dos sujeitos que a engendraram com suas atividades subjetivas.

A prática como finalidade da teoria aparece no sentido de que a teoria não corresponde apenas às exigências e necessidades da prática, pois não poderia influir em seu desenvolvimento. Assim, a relação está precisamente entre uma teoria já elaborada e uma prática que ainda não existe. A prática de hoje, tratada sistematicamente como objeto de reflexão, exige uma ação que ainda não existe e, deste modo, a teoria (como projeto) determina a prática real e efetiva.

Identifico como práxis esta atividade prática material (ação real e objetiva) sobre uma realidade (natural e humana), que existe independente do sujeito prático, mas que ao adequar-se a finalidades, invoca valores, exige a ação do sujeito consciente e objetivamente.

Verifico então que nesse processo do trabalho humano a consciência participa ativamente, uma vez que elabora finalidades e produz conhecimento. Assim, resulta uma relação íntima entre o pensamento e a ação, uma vez que o homem, para satisfação de suas necessidades concretas e interesses, não aceita o mundo como ele é; daí a necessidade de transformá-lo, e é nesse processo de atividades concretas onde ele age conhecendo, que também se conhece agindo.

Disso resulta que tal atividade prática que se realiza através dos homens e sobre a natureza só é concebida enquanto práxis quando é obtido um produto real. E o objetivo é o resultado real do processo que nem sempre é idêntico ao resultado ideal ou finalidade. Nesta direção é que fui buscar em Marx[1] seu entendimento sobre o processo de trabalho. Para Marx (1985, p. 187), a utilização da força de trabalho é o próprio trabalho ou capacidade de trabalho o

> conjunto das faculdades físicas e mentais, existentes no corpo e na personalidade viva de um ser humano, as quais ele põe em ação toda vez que produz valores de uso[2] de qualquer espécie.

Assim, o trabalho é um processo de que participa o homem e a natureza, processo em que o ser humano, com sua própria ação, impulsiona, regula e controla seu intercâmbio material com a natureza. Defronta-se com a natureza como uma de suas forças. Põe em movimento as forças naturais de seu corpo, a fim de apropriar-se dos recursos da natureza, imprimindo-lhes forma útil à vida humana; assim considero que a história do mundo humano é a produção do homem

---

1. As reflexões que se seguem têm como base o texto: Marx, Karl. *O capital*: crítica da economia política. 10. ed. São Paulo: Difel, 1985. Livro l, parte III, cap. 5.

2. "O valor natural de qualquer coisa consiste em sua capacidade de prover as necessidades ou de servir às comodidades da vida humana. A utilidade de uma coisa faz dela um valor de uso. Mas, essa utilidade não é algo aéreo. Determinada pelas propriedades materialmente inerentes à mercadoria, só existe através delas" (Marx, 1985, p. 42).

pelo trabalho humano. Ao fazer essas considerações pressuponho o trabalho sob forma exclusivamente humana. Como alguns animais executam operações como as dos homens e às vezes superando-as, Marx (1985, p. 202) nos elucida neste ponto quando diz que:

> a abelha supera mais de um arquiteto ao construir sua colmeia. Mas o que distingue o pior arquiteto da melhor abelha é que ele figura na mente sua construção antes de transformá-la em realidade. No fim do processo de trabalho aparece um resultado que já existia antes idealmente na imaginação do trabalhador. Ele não transforma apenas o material sobre o qual opera; ele imprime ao material o projeto que tinha conscientemente em vista, o qual constitui a lei determinante do seu modo de operar e ao qual tem de subordinar sua vontade.

Todavia, a realização da atividade humana não depende apenas da determinação projetiva da finalidade, mas, ainda, do conhecimento sobre o objeto a ser transformado e dos instrumentos necessários à consecução desse trabalho. Marx afirma que, para realização da atividade prática, delimitam-se os elementos componentes do processo de trabalho que, segundo ele, são:

1. a atividade adequada a um fim, isto é, o próprio trabalho;
2. a matéria que se aplica o trabalho, o objeto do trabalho;
3. os meios de trabalho, o instrumental de trabalho.

Compreendo que na medida em que materializa certa finalidade ou certo projeto, o homem se objetiva em seu produto. No produto — diz Marx — o homem assimila sob uma forma útil para sua própria vida as matérias que a natureza lhe oferece, mas só pode assimilá-las objetivando-se nelas, ou seja, imprimindo na matéria trabalhada o cunho de suas finalidades. No entanto, os fatores que interferem no processo de trabalho não se restringem apenas à atividade adequada a uma finalidade, mas às condições materiais do trabalho, representadas tanto pelo objeto do trabalho como pelos meios ou instrumentos com que se leva a cabo essa transformação.

Esta questão tem rebatimento direto no Serviço Social, pois é evidente que o conhecimento, por si só, não determina os procedimentos particulares para a condução da intervenção profissional e vice-versa. Ainda, a intervenção profissional remete efetivamente a um conhecimento que a profissão historicamente desenvolveu e assimilou na divisão social do trabalho e cuja crítica fazemos hoje.

Portanto, podemos afirmar ser impensável uma discussão metodológica sem uma reflexão teórica, portanto, teórico-metodológica. E esta questão teórico-metodológica diz respeito ao modo de ler, de interpretar e de se relacionar com o ser social, com a sociedade presente, é uma relação entre o sujeito cognoscente (que está buscando compreender e desvendar esta sociedade) e o objeto investigado (que ao ser compreendido é passível de ações que podem transformá-lo).

É a partir destas indicações que busquei e encontrei uma fundamentação para reinterpretação[3] dos instrumentos em Serviço Social, a qual implica, ainda, a compreensão da dimensão criativa desta construção, deste movimento do fazer profissional, ou seja, de sua dimensão técnica.

Se é no interior desta complexa trama das relações sociais que compreendo a produção e a reprodução da vida social como sendo a própria autogeração do homem pelo trabalho, é na própria criação do homem e do mundo humano que se constitui a criação técnica.

Se o trabalho humano que transforma a natureza e cria complexos sociais tendo em vista seus objetivos é de importância fundamental para a concepção de práxis, a tecnologia é um produto: processos que encerram valor e têm valor de uso. Cabe explicar e diferenciar técnica de tecnologia.

A técnica é um conhecimento empírico, elaborado, desenvolvido pela capacidade humana como prolongamento de sua racionalidade

---

3. Como a própria expressão indica, uma reinterpretação não é uma explicação completamente original, é sim o esforço de uma reflexão que faça o resgate do que a profissão tem construído e consolidado historicamente e suas possíveis conexões com as discussões e fundamentações contemporâneas, ou seja, um diálogo necessário.

para realizar coisas. A tecnologia é um saber efetivo, mais aplicável, que se tornou inseparável da ciência e, agora, do mercado. É um conhecimento científico cristalizado em objetos materiais, nada possui em comum com as capacidades e aptidões do corpo humano.

Neste sentido, vejo a técnica para além de modelos e formas predefinidas de agir e se comportar diante de situações, como se fosse possível utilizarmos manuais para todas as situações que enfrentamos. Entendendo a técnica como criação, enquanto desdobramento da racionalidade, verifico que neste processo de trabalho humano a consciência tem participação ativa, uma vez que elabora finalidades e produz conhecimentos orientando as ações e se constituindo nelas.

Assim, a técnica não é só criação enquanto um fato em si mesmo, mas corresponde a um conjunto próprio de determinada cultura, pois perderia seu sentido técnico se fosse separada do complexo de relações sociopolíticas e econômicas de sua conformação temporal e histórica.

É neste complexo conjunto de relações que os *instrumentos* se constituem e se apresentam como potencializadores das intencionalidades teórico-políticas do profissional para a efetivação da ação, e as *técnicas* se constituem nas maneiras através das quais ele conduz suas ações ou objetiva suas intencionalidades.

Torna-se, então, fundamental reconhecer que o exercício profissional dos assistentes sociais implica a existência de instrumentos e técnicas que permitam a operacionalização das propostas de ação conscientemente definidas.

Este raciocínio me permite inferir que os instrumentos e técnicas utilizados em nossas ações são objetivos e concretos (mesmo não sendo materiais), perpassados pela sociabilidade e subjetividade implícita que compõe esta atividade humana e social.

Afirmo então que é legítimo conceber para o desenvolvimento do exercício profissional que os instrumentos e técnicas são mediações através das quais o assistente social objetiva seus projetos, ou seja, "lança mão" destes para efetivação da ação no conjunto das relações sociais.

Portanto, é justamente no fazer cotidiano do exercício profissional que são encontradas as condições para "fazer melhor", ou ainda, para "saber fazer" com qualidade e competência. Isto quer dizer que não existem modelos para fazer bem as ações, não há magia, artefatos ou amuletos de qualquer ordem, existe, sim, construção através do próprio trabalho, desde que conscientemente elaborado e intencionalmente utilizado.

O que posso apresentar, portanto, é uma sistematização decorrente de um criterioso processo investigativo[4] do qual pude apreender as expressões cotidianas do exercício profissional, com base no modo como as ações têm sido desenvolvidas, passando a sistematizar e organizar o que historicamente já vem sendo construído e reconhecido como instrumentos e técnicas em Serviço Social.

Esta sistematização e reconhecimento me levaram a formalizar a compreensão dos elementos específicos que compõem o instrumental-técnico em Serviço Social, creditando a essa sistematização e reconhecimento da realidade de nossas atividades humano-criativas a possibilidade de reinterpretar o instrumental-técnico à luz de um referencial crítico-dialético.

Destacando que não tenho nenhuma pretensão de esgotar esta temática em uma formalização, mas acreditando na potencialidade do homem como sujeito capaz de criar e recriar seus instrumentos de trabalho; muito longe de contradizer o que já afirmamos e ciente dos riscos que uma sistematização desta natureza implica, expresso aqui, sinteticamente, alguns "conceitos"[5] acerca daqueles instrumentos identificados e passíveis de uma reinterpretação.

---

4. Referimo-nos aqui ao trabalho de pesquisa realizado na dissertação de mestrado *Instrumentos e técnicas em Serviço Social: elementos para uma rediscussão* (Sarmento, 1994), tomada como referência para construção deste texto.

5. A expressão "conceito", destacada entre aspas, se refere ao fato de que na dissertação de mestrado já citada, desenvolvemos com maior extensão e profundidade cada um dos instrumentos identificados, o que neste texto não temos a condição de fazer. Isto implica reconhecer o limite e os riscos de reduções desta ordem, mas ao mesmo tempo, assumir a potencialidade de um debate que precisa ser reconhecido e realizado.

A partir desta perspectiva e, com o desenvolvimento de estudos e pesquisas, identifico um conjunto de instrumentos e técnicas histórica e tradicionalmente utilizados pelo Serviço Social, o que não significa negar a existência de outros ainda não captados ou que não venham a ser criados no desenvolvimento do exercício profissional. Ainda, o fato de ter identificado e conceituado este instrumental-técnico não significa afirmar que todos os problemas do exercício profissional estejam resolvidos, como se tivesse encontrado uma "tábua de salvação".

É importante destacar que, ao identificar que o exercício profissional implica fundamentos teórico-práticos, ético-políticos e técnico-operativos, encontra-se neste último a dimensão do instrumental-técnico (e que se articula às demais). De maneira alguma isto quer dizer que o instrumental-técnico é mais ou menos importante que as outras dimensões, ou seja, é tão importante e necessário quanto as demais. Considerando todos estes cuidados e preocupações, os instrumentos identificados foram: o relacionamento, a observação, a informação, a abordagem, a entrevista, a reunião e a visita domiciliar.

Quando o assistente social entra em contato com os usuários ele estabelece uma relação, a qual é sempre consequência das relações sociais de produção. Portanto, o *relacionamento* é esta ação profissional intencional na relação, isto é, o processo de reconstrução das relações no campo das mediações, no âmbito das relações sociais. O uso intencional de sua presença física (corporal e institucional), no espaço das relações sociais concretas no interior das organizações, implica movimentar, mobilizar e conduzir processos de poder e saber nesse cotidiano, objetivando um conjunto concreto de mediações do qual faz parte, que pode ou não permitir a reconstrução desta sociabilidade.

A *observação* pode ser entendida como um instrumento importante no levantamento de dados qualitativos e que possibilita a participação conjunta dos usuários e do assistente social. Para tanto, requer do profissional clareza (acerca dos elementos teóricos com que está operando seu conhecimento) e segurança (quanto aos objetivos pretendidos) na direção que dá ao conhecimento compreensivo e explicativo que vai desenvolvendo no processo de observação. Um esforço conjunto entre assistente social e usuários, para refletir criticamente os mecanismos de produção e reprodução social das relações nas quais estão inseridos, reconstruindo as mediações, em uma perspectiva de totalidade e historicidade.

A *informação*, para ser concebida como um potencializador valioso em nossas ações, precisa ser entendida como um instrumento que organiza e veicula informações de interesse da população e do assistente social. A veiculação de informações se torna elemento essencial, pois possibilita que sejam introduzidos, transmitidos e propagados conteúdos crítico-reflexivos ao conjunto de informações (aparentemente amorfo) disposto à população, permitindo, também, oportunizar a criação de um espaço e difusão de conhecimentos sobre novas maneiras de pensar e agir que se constituem processualmente. Supõe a criação de uma infraestrutura que se traduz em canais e fluxos contínuos de informação. Ela é condição instrumental que amplia as possibilidades de leitura crítica da realidade, subsidia a reflexão, tomada de decisão e ação.

A *abordagem* é um contato intencional de aproximação através do qual é criado um espaço para o diálogo crítico, para a troca de informações e/ou experiências para a aquisição de conhecimento e/ou de um conjunto de particularidades necessárias à ação profissional e/ou o estabelecimento de novas relações de interesse dos usuários.

A *entrevista* se constitui como um instrumento utilizado intencionalmente e que, sendo estabelecida entre indivíduos diferenciados em seus papéis, vai expressar e manifestar contradições nesta relação. Essas mesmas contradições são expressões das relações entre indivíduos e sociedade, que devem ser resgatadas e refletidas para que possibilitem romper e assumir novos significados pela troca de saberes que ampliam conhecimentos e possibilidades de ação no contexto institucional em que se realizam as entrevistas. Deste ponto de vista, a entrevista é o estabelecimento de um diálogo que vai se realizando à medida que vamos desvelando o real, o concreto e ampliando a consciência crítica ou reduzindo a alienação dos entrevistados e do próprio assistente social.

Nesta perspectiva, a *reunião* é o estabelecimento de uma dinâmica na qual emergem as forças vivas dos indivíduos em grupo. As correlações de força vão emergindo à medida que a realidade concreta vai se revelando e aí se percebem os elementos contraditórios da relação entre as classes sociais e a organização da sociedade. A realização da reunião envolve uma dinamicidade do grupo à medida que neste emergem as relações de poder entre os seus membros; as decisões a serem tomadas pelos participantes, suas contradições, o autoritarismo e a democracia; a dependência e autonomia e a liberdade para a tomada de decisão e direção coletiva.

A *visita domiciliar* é um instrumento que potencializa as possibilidades de conhecimento da realidade do usuário (conhecendo com ele as suas dificuldades, a sua realidade e não o uso policialesco e disciplinador de reafirmação do poder de controle institucional) e que tem como ponto de referência a garantia de seus direitos (através dos serviços que lhe são levados) sendo construído um papel educativo, colocando o saber técnico à disposição da reflexão sobre a qualidade de vida.

Vale considerar que esta sistematização e produção de conhecimentos expressaram a apreensão de um conjunto de instrumentos e técnicas que considero ainda válidos para o exercício profissional. Porém, não tenho dúvidas de que as mudanças societárias em curso, geradas pelo processo de globalização e reestruturação produtiva, implicam mudanças significativas no conteúdo técnico-político da intervenção.

Afirmo ainda que as mudanças em curso provocam significativo impacto nas práticas sociais que intervêm no processo de produção material e espiritual da força de trabalho, gerando a refuncionalização de procedimentos e, ainda, um rearranjo do perfil e competências das práticas profissionais. Estas implicações sobre as práticas profissionais geram alterações sobre o mercado de trabalho e condições de trabalho, levando ao surgimento de novas problemáticas, mobilizando novas demandas e competências.

Destaco com estas indicações que o espaço cotidiano no qual se movimentam os assistentes sociais vem sofrendo profundas alterações, o que implica novos desafios. Ao mesmo tempo em que a profissão vem materializando novas conquistas teórico-práticas e ético-políticas, rompendo com ações tradicionais e conservadoras, reafirma um novo perfil, em que o agente subalterno e executivo de políticas é substituído, assumindo outra postura e competências, a defesa intransigente dos direitos humanos, da justiça, da liberdade e da democracia.

A esta mudança de postura somaram-se alterações na esfera das organizações, das políticas e dos serviços, criando também novas situações de trabalho diante das tradicionais demandas ao Serviço Social.

Situações que têm implicado um conjunto de aspectos e/ou novas configurações, que se apresentam como novas requisições para o trabalho dos assistentes sociais, como: a universalização e qualificação dos serviços, a municipalização e descentralização das políticas sociais, o fortalecimento dos mecanismos de controle social no âmbito das políticas públicas, entre outros (Raichelis, 1999). Essas novas configurações e demandas estão intimamente articuladas às mudanças estruturais, aos modos de organização da produção e reprodução social, apresentando novas requisições profissionais (Sarmento, 2005).

Dentre as novas requisições destaco a função gerencial, pois esta implica um profissional qualificado para formulação e planejamento, captação de recursos, execução das políticas e avaliação dos resultados e impactos, ou seja, um novo agir profissional, para além das tradicionais atividades rotineiras e burocráticas anteriormente definidas, aquilo que venho chamando de "ciclo do gerenciamento social" (Sarmento, 2002b).

Um exemplo desta nova requisição — função gerencial — pode ser identificada no setor público, ao contratar profissionais de Serviço Social não apenas para execução de serviços e/ou intervenção em problemas isolados ou pontuais a serem resolvidos. Agora, a exigência é por respostas mais bem articuladas com as políticas do Governo Federal desde a regularização jurídico-institucional para o funcionamento dos serviços, a captação de recursos e organização dos espaços de atuação, e a própria gestão das Secretarias de Assistência Social. Isto para dizer que a requisição técnico-profissional exige respostas que articulem a organização política, institucional e jurídica, são ações efetivas que envolvem desde a identificação de necessidades e demandas, com base em informações qualificadas (dados e identificadores sociais), para definir objetivos, metas e estratégias, exigindo conhecimento dos recursos disponíveis e avaliações de impactos e resultados, corroborando a ideia de um "gestor do social".

Para não ficar apenas no setor público, outro exemplo pode ser dado no denominado Terceiro Setor, quando o assistente social é contratado como gestor de projetos, ou como gerente administrativo das próprias organizações (gestor), atuando em uma esfera que implica um domínio e articulação de conhecimentos que vai além daqueles tradicionais aprendidos durante a formação acadêmica (que já começa a demonstrar suas limitações diante desta realidade complexa, contraditória e em mudança).

Vale destacar que esta condição implica também um novo desafio do ponto de vista do conhecimento técnico-operativo; faço referência aqui ao conhecimento das novas normas, rotinas e procedimentos que vêm sendo implementados com a organização do Sistema Único de Assistência Social (SUAS).

A conquista da Lei Orgânica da Assistência Social (LOAS), reconhecendo a Assistência Social como política pública, levou, nos últimos anos, à sua normatização (Norma Operacional Básica — NOB) e organização político-administrativa, inclusive com desenvolvimento de planilhas eletrônicas para acompanhamento de projetos e recursos. Este conjunto de mecanismos político-institucionais permitiu a atual estruturação da Política Nacional de Assistência Social, organização e funcionamento da Proteção Social Básica (Centros de Referência de Assistência Social) e da Proteção Social Especial de Média e Alta Complexidade. Ao mesmo tempo, trazem um conjunto de demandas e uma racionalidade que exige respostas de nossa parte.

Estes novos espaços organizacionais exigem novas requisições profissionais e colocam como desafio a reconstrução das ações político-organizativas, logo, novos *conhecimentos procedimentais* (aspectos administrativos e burocráticos funcionais da organização e funcionamento da LOAS/SUAS articulados às ações afirmativas de garantia dos direitos sociais) que não podem ser negligenciados, mesmo considerando o universo de sua racionalidade instrumental.[6]

Isto implica afirmar que a contribuição do Serviço Social para a efetiva consolidação das políticas sociais, além de garantir o acesso da população a bens e serviços, exige também a construção de mecanismos de democratização para a definição de quais bens e serviços são necessários para serem implementados e que respondam às necessidades sociais, compreendendo a dinâmica societária e estabelecendo novos mecanismos de sociabilidade e política.

Porém, para que isto seja efetivado, é fundamental compreender que esta nova demanda anteriormente citada e já materializada exige um profissional com novos conhecimentos procedimentais e uma clara capacidade de reflexão crítica sobre eles. Se desta realidade (aqui recortada como exemplo na particularidade da assistência social) surgem novos instrumentos, ainda não se tem certeza, mas estou convicto de que novas exigências se colocam para o exercício profissional, que precisam ser enfrentadas. Este é mais um desafio que inquieta e mobiliza a discutir o instrumental-técnico em Serviço Social, reforçando a atualidade de seu debate.

Referências

GUERRA, Y. *A instrumentalidade do Serviço Social*. São Paulo: Cortez, 1995.

MARX, K. *O capital:* crítica da economia política. 10. ed. São Paulo: Difel, 1985. Livro primeiro. v. 1.

PONTES, R. N. *Mediação e Serviço Social:* um estudo preliminar sobre a categoria teórica e sua apropriação pelo Serviço Social. 3. ed. São Paulo: Cortez, 1995.

---

6. É importante que se destaque os estudos e análises desenvolvidos por Guerra (1995) e Pontes (1995).

RAICHELIS, R.; RICO, E. (Org.). *Gestão Social* — uma questão em debate. 1. ed. São Paulo: Educ, 1999.

SARMENTO, H. B. *Instrumentos e técnicas em Serviço Social:* elementos para uma rediscussão. 1994. Dissertação (Mestrado) — Programa de Pós-Graduação em Serviço Social, Pontifícia Universidade Católica de São Paulo, São Paulo.

_____. Ética: desafios, fronteiras e trilhas. *Trilhas*, Belém: Unama, v. 3, n. 2, p. 95-110, 2002a.

_____. Serviço Social, das funções tradicionais aos desafios diante das novas formas de regulação sociopolítica. *Katálysis*, Florianópolis: Ed. UFSC, v. 5, n. 2, 2002b.

SARMENTO, H. B. M. *Bioética, direitos sociais e Serviço Social*. Belém: Unama, 2005.

TRAGTENBERG, M. A delinquência acadêmica. *Folha de S.Paulo*. São Paulo, 6 ago. 1978. Disponível em: <http://almanaque. folha.uol.com.br/entrevista_folhetim_06ago1978.htm>.

A INTERVENÇÃO DO SERVIÇO SOCIAL NOS CRAS:

análise das demandas e possibilidades para o trabalho socioeducativo realizado grupalmente

ALEXANDRA APARECIDA LEITE TOFFANETTO SEABRA EIRAS

Este artigo[1] referente à intervenção do Serviço Social nos Centros de Referência da Assistência Social (CRAS) apresenta uma abordagem inicial acerca do trabalho socioeducativo realizado grupalmente.

---

1. Os conteúdos apresentados neste artigo foram objeto de discussão com as assistentes sociais inseridas nos CRAS em Juiz de Fora no decorrer dos laboratórios realizados em 8/5, 29/5 e 5/6/2009. A responsabilidade sobre a organização e redação do texto é da autora.

Agradeço às assistentes sociais Maria Cláudia Magalhães, Renée Fouraux, Fabiana Wertz, Magda Oliveira, Rosângela Carvalho da Silva, Adriana de Castro Stehling, Rita de Cácia Corrêa Durão, Renata Santos Dias, Alessandra Azalim de Souza, Maria Cristina Mariquito, Paula Lelis Souza, Maria Altina Damasceno, Rosana Vasconcelos, Fernanda Sabatinelli, Eliane Andrade, Daniela Vargas, Liriane Albuquerque, Thais Vargas, Renata Palmares, Gabriella Lopes, Flávia Duin Fortes, Maria Inês Afonso, Maria Aparecida Lima e Cíntia Maria Benedito pelo diálogo, pelo debate e pelas críticas realizadas posteriormente ao artigo.

Ao investigar o trabalho profissional com grupos realizado pelo Serviço Social (em Juiz de Fora),[2] identifiquei que as demandas só-cio-organizacionais e a apreensão dos assistentes sociais acerca da intervenção com grupos convergem para a compreensão de que esta intervenção caracteriza-se como um trabalho socioeducativo.

As demandas sócio-organizacionais, as quais expressam as re-quisições da organização/instituição para o Serviço Social (Mota, 1998), contêm elementos que atribuem ao assistente social uma função pedagógica (Abreu, 2002), socioeducativa, seja de esclarecimento, de repasse de informações, de atuação na alteração de hábitos e condu-tas, seja de mobilização para a participação ou de formação política para o efetivo exercício da cidadania e/ou para a luta e enfrentamen-tos sociais, tendo como horizonte as possibilidades e necessidades de transformação social.

Os assistentes sociais, no exercício de sua autonomia profissional,[3] respondem às atribuições que lhe são requeridas, desenvolvendo ações de caráter socioeducativo através de intervenções grupais e/ou coletivas.

As requisições e atribuições direcionadas aos assistentes sociais são respondidas a partir de sua vinculação a um projeto profissional, tendo como conteúdos o referencial teórico-metodológico e ético-po-lítico expresso nesse projeto no patamar em que foi apreendido e assimilado subjetivamente pelo profissional.

---

2. Pesquisa "Caracterização acerca do trabalho profissional com grupos realizado pelos assistentes sociais em Juiz de Fora" (PROPESQ — UFJF), tendo como base empírica os relatos dos estagiários sobre as intervenções realizadas nos campos de estágio da Faculdade de Servi-ço Social/UFJF (coletados e trabalhados através dos Laboratórios sobre o tema), do grupo focal e os laboratórios realizados com as assistentes sociais que trabalham nos CRAS em Juiz de Fora, como referenciaremos adiante.

3. O exercício profissional supõe uma relativa autonomia que se manifesta na construção de respostas profissionais fundamentadas em um referencial teórico-metodológico, o qual se expressa através dos projetos profissionais existentes. O projeto profissional hegemônico desde à ruptura com o Serviço Social tradicional nos anos 1980 (Netto, 1999) é denominado de "Pro-jeto Ético-Político do Serviço Social" e fundamenta-se teórica e metodologicamente na pers-pectiva crítico-dialética.

A DIMENSÃO TÉCNICO-OPERATIVA NO SERVIÇO SOCIAL

O entendimento que o profissional possui sobre o trabalho socio-educativo é condicionado pela vinculação a um projeto profissional no patamar de apreensão e assimilação teórico-metodológica, ético-política no qual se encontra, bem como pelo manejo que detém sobre as técnicas, sobre os procedimentos e sobre os instrumentos envolvidos nessa atividade.

A mediação sócio-organizacional, o modo de gestão e funcionamento adotados pela instituição (planejamento, estabelecimento de metas, exigência de produtividade, organização e fixação de rotinas e procedimentos para prestação dos serviços etc.) materializados fisicamente, espacialmente, assim como a condição de inserção do profissional (e do conjunto dos técnicos) como trabalhadores assalariados, condicionam concretamente as possibilidades de respostas profissionais (Iamamoto, 2007) e expressam, em seu conjunto, um conteúdo sociopedagógico.

As condições encontradas pelos assistentes sociais no exercício profissional circunscrevem o rol das dificuldades e dos desafios que nortearão a escolha das estratégias, bem como da criação ou da apropriação e utilização das técnicas e dos instrumentos, e dos procedimentos existentes no âmbito sócio-organizacional e no âmbito da formação profissional no ensino superior.

Em relação ao trabalho realizado grupalmente (conhecido como trabalho com grupos ou trabalho profissional com grupos) há um acúmulo na produção acadêmica no âmbito das Ciências Humanas e Sociais.[4] Tal acúmulo também se refere aos procedimentos sócio-organizacionais desenvolvidos no âmbito da gestão empresarial[5] e no âmbito do movimento social e popular.[6]

---

4. Há um considerável campo de produção: psicologia, psicologia social, psicossociologia, pedagogia social, socioanálise e análise institucional.

5. Administração de empresas, gerência de recursos humanos, gestão de pessoas e equipes, assessorias e consultorias na área de gestão de pessoas.

6. Os movimentos sociais e os movimentos populares têm produzido estratégias de organização e gestão democráticas, criando procedimentos, instrumentos e técnicas que expressam conteúdos pedagógicos mais progressistas: a recorrência às assembleias, que possuem poder

Já sobre o trabalho socioeducativo encontramos uma variação de vinculações sócio-organizacionais, algumas delas adotam essa denominação para o serviço que será oferecido,[7] foco central da organização/instituição, e outras oferecem projetos (atividades, ações) denominados de "socioeducativos".

Observamos que os projetos socioeducativos cumprem a função de informar, esclarecer e facilitar a adesão dos indivíduos a determinadas atividades (articuladas central ou tangencialmente aos objetivos da organização/instituição em que se desenvolvem), por exemplo, para a promoção da saúde, como acontece no âmbito da atenção primaria à saúde e em algumas práticas hospitalares, no intuito de esclarecer e promover a adesão ao tratamento bem como, em algumas situações, a formação de novos hábitos.

Os projetos socioeducativos podem converter-se em um recurso organizacional importante, capaz de comprometer e envolver os usuários com as atividades e serviços prestados pela organização/instituição.

Geralmente, os conteúdos sociopedagógicos utilizados como referência nosprojetossocioeducativos estãoimbricadosaosconteúdos difundidos e/ou produzidos no âmbito sócio-organizacional.

Desse modo, por exemplo, na atenção primaria à saúde, o conteúdo sociopedagógico dos projetos socioeducativos expressa a compreensão sócio-organizacional acerca da saúde, seja ela concebida como um fenômeno biológico tratado individualmente ou como um complexo biopsicossocial aprendido na inserção concreta dos sujeitos na sociedade ou ainda como saúde coletiva.

---

deliberativo e que promovem o debate e a expressão plural entre os participantes; a prática de reunir o conjunto da organização/instituição para planejar as ações, como no procedimento de Planejamento Estratégico Participativo; o envolvimento dos usuários na gestão da organização/instituição, entre outros.

7. Um exemplo atual é a existência de organizações/instituições "socioeducativas" vinculadas à oferta de atividades pedagógicas para atender às medidas socioeducativas previstas no Estatuto da Criança e do Adolescente.

A DIMENSÃO TÉCNICO-OPERATIVA NO SERVIÇO SOCIAL

Embora conheçamos muitos projetos socioeducativos, as pesquisas que vimos realizando apontaram para uma inexistência de estudos acadêmicos sobre o tema. Não obstante, temos encontrado vários relatos de experiência sobre trabalhos socioeducativos.

Observamos que nos projetos socioeducativos realizados grupalmente pelos assistentes sociais utilizam-se técnicas e instrumentos produzidos no campo da psicossociologia, da psicologia social e da pedagogia, os quais expressam um acúmulo acerca da intervenção com pequenos grupos.

Observamos, também, uma utilização frequente dos exercícios produzidos no âmbito da dinâmica de grupo, bem como a recorrência ao repasse de informações e à discussão como recursos técnicos apropriados pelos assistentes sociais.

Essa relação próxima entre o projeto socioeducativo e o trabalho profissional com grupos explica-se pelo conteúdo pedagógico presente nas produções sobre o trabalho com grupos, as quais abordam a possibilidade de aprendizagem, seja na formação de novos valores, na mudança de comportamento, no desenvolvimento de novos hábitos, seja na assimilação de novas informações e na proposição de ações sobre a realidade vivida pelos participantes.[8]

Embora tais conteúdos possam ser identificados como democráticos, pelo fato de enfatizar a relação entre os participantes e o profissional coordenador, propiciando que todos se expressem e sejam escutados, considerando o próprio grupo em suas dificuldades e possibilidades e orientando o trabalho a partir dessas manifestações internas ao grupo, concordamos com as críticas de Lapassade (1983) e Lourau (2004), segundo as quais o *status quo* se reproduz na garantia dos "papéis" desempenhados pelo coordenador e pelos partici-

---

8. É importante lembrar que o trabalho com pequenos grupos, seja na perspectiva da dinâmica de grupo de Kurt Lewin (s/d.), seja no nascimento da perspectiva socioanalítica de Lapassade (1983) e Lourau (2004), entre outros, esteve relacionado diretamente ao questionamento e à renovação das práticas pedagógicas na área do ensino e na formação de professores, pedagogos e lideranças populares e comunitárias. Nesse sentido, a *Pedagogia do oprimido* (Freire, 1996) nasceu no campo das reflexões acerca da pedagogia tradicional no Brasil e na América Latina e das críticas às práticas desenvolvidas na Escola, no campo da educação formal.

pantes do grupo, sem que as funções sócio-organizacionais sejam analisadas e sem que a própria inserção dos participantes (ou os usuários dos serviços) na organização/instituição e na sociedade seja consequentemente problematizada.

Desse modo, o exercício democrático no âmbito do trabalho profissional com grupos implicaria de fato a abertura para a construção de algo novo, a partir da realidade concreta e das ações manifestadas pelos participantes do grupo, envolvendo uma nova relação de poder, compartilhada coletivamente naquele espaço sócio-organizacional. Tratar-se-ia, então, de uma adesão e de um comprometimento mutuamente compartilhado entre a organização/ instituição e os seus usuários.

Nesse sentido, torna-se bastante compreensível que a principal dificuldade apresentada pelos profissionais e pelos estagiários na intervençãocomgrupos nosdiferentesprojetosou ações socioeducativos seja a adesão dos participantes ao trabalho socioeducativo.

Essa dificuldade é bastante esclarecedora, em nosso entendimento, pois revela que as organizações/instituições tendem a preservar os seus interesses a fim de manter a sua existência social, a qual depende da sua relativa funcionalidade aos projetos societários existentes. A adesão a ser promovida é aquela limitada aos interesses presentes nesse campo sócio-organizacional. A possibilidade de construir algo diferente limita-se ao conhecido, com abertura para algumas variações.

Embora o problema da adesão seja interpretado como "incompetência técnica", ele expressa uma problemática concreta: até que ponto a organização/instituição quer comprometer-se com as necessidades reais dos seus usuários? Até que ponto é permitido identificar tais necessidades? Até que ponto torna-se um tabu ou torna-se um fardo lidar com as expressões concretas dos problemas que vêm à tona no âmbito sócio-organizacional, principalmente através das atividades socioeducativas?

A seguir, desenvolveremos, em uma primeira formulação, a análise sobre as demandas sócio-organizacionais postas na implementação da Política Nacional de Assistência Social (PNAS)/Sistema

Único da Assistência Social (SUAS), através dos CRAS em Juiz de Fora, identificando as dificuldades enfrentadas e apontando os desafios, na compreensão dos assistentes sociais, em relação ao trabalho socioeducativo e à intervenção com grupos.

Os CRAS, recentes em Juiz de Fora, têm-se constituído em equipamentos que ainda são pouco conhecidos pela população em geral, embora o número de usuários que frequentam os CRAS seja bem alto.[9]

No ano de 2009 o número de assistentes sociais envolvidos com os CRAS aumentou significativamente, assim como o número de CRAS implantados. Essas alterações na política de assistência colocaram em foco a necessidade de organizar e qualificar as ações realizadas pelos profissionais nos CRAS. As assistentes sociais organizaram-se em um grupo de trabalho[10] para discutir, deliberar e organizar em termos coletivos as ações desenvolvidas pelo Serviço Social nos CRAS. Em sua maioria, as assistentes sociais possuem vínculo empregatício com a Associação Municipal de Apoio Comunitário (AMAC) e foram remanejadas dos programas desenvolvidos pela organização para os CRAS, a partir da criação da Secretaria de Assistência Social, em fevereiro de 2009.

A execução da política de assistência social através da AMAC está sendo questionada pelo Ministério Público Federal e a cidade está aguardando o desfecho sobre o Termo de Ajustamento de Conduta que está sendo negociado entre a Prefeitura e o Ministério Público.

Historicamente, a AMAC esteve marcada pela ambiguidade administrativa, juridicamente considerada como uma associação civil sem fins lucrativos e efetivamente a executora da política pública cuja principal financiadora/mantenedora é a prefeitura de Juiz de Fora.

Essa ambiguidade também se expressava nos programas desenvolvidos pela instituição. Ora a captação de recursos externos à Pre-

---

9. Conforme Paula (2008), 4.152 famílias foram referenciadas no CRAS Leste no período de 22 meses.

10. A Coordenação dos CRAS reconheceu a necessidade das assistentes sociais se organizarem em um grupo de trabalho, e esse grupo é legitimado pela instituição (no caso, AMAC).

feitura era enfatizada, como um meio de manter os serviços da AMAC, ora enfrentava pressões para manter os serviços, garantindo a sua universalidade. Desse modo, a tensão entre a garantia ou não dos serviços constituía-se na principal característica da AMAC, ainda que a responsabilidade final recaísse sobre a Prefeitura, sempre havia a possibilidade de a mesma lembrar que os recursos deveriam ser captados em outras instâncias da sociedade.

Pela brevidade deste artigo, iremos nos deter nas informações produzidas no grupo focal e no laboratório desenvolvido com as assistentes sociais dos CRAS em Juiz de Fora.

Realizamos o grupo focal com 15 assistentes sociais trabalhadoras dos CRAS[11], abordando o tema "Instrumentos e técnicas utilizados na intervenção profissional" e, posteriormente, o laboratório sobre o trabalho profissional com grupos, que foi realizado por mim em três encontros: 8/5/2009, 29/5/2009 e 5/6/2009. Estiveram presentes, respectivamente, 21, 20 e 16 assistentes sociais.

Durante o grupo focal, as assistentes sociais explicitaram que o instrumento com o qual tinham mais dificuldade era a intervenção com grupos.

Vimos no grupo focal que a principal dificuldade referente à intervenção com grupos era a participação dos usuários, o envolvimento deles com o trabalho, a frequência aos grupos e a qualidade da participação neles.

A partir desses elementos, no laboratório, trabalhei, em um primeiro momento, com a desconstrução do conceito de grupo, elaborado com base no senso comum. Em um segundo momento, propus que compreendêssemos a demanda para o trabalho socioeducativo realizado grupalmente e que discutíssemos essas demandas e o modo como elas são respondidas institucionalmente pelo Serviço Social.

Na análise da demanda destacou-se o fato de que um dos trabalhos com grupo realizado pelas assistentes sociais nos CRAS está

---

11. O trabalho no grupo focal foi coordenado pela Prof. Cláudia Mônica dos Santos e por mim, tendo sido relatado pela bolsista Karine Noronha.

A DIMENSÃO TÉCNICO-OPERATIVA NO SERVIÇO SOCIAL

vinculado ao Programa de Ação Integrada para a Cidadania — PAIC, direcionado à segurança alimentar, incluindo a expectativa de ações educativas (em grupo) com os usuários.

Observei que as expectativas sobre as ações educativas no PAIC envolvem a perspectiva de os usuários saírem das condições que os levaram ao Programa, tanto pela divulgação de informações referentes à alimentação, como pela inserção social dos usuários, que pudesse garantir os meios para a sua sobrevivência.

A dificuldade relatada pelas assistentes sociais incluía as condições objetivas de realização do trabalho: infraestrutura (espaço físico inadequado), grupo grande (80 famílias, 120 famílias), vinculação da distribuição da cesta básica à participação no grupo.

Vimos que a demanda do PAIC, por parte dos usuários, refere-se ao acesso à alimentação básica, e não se dirige diretamente às ações socioeducativas.

Na minha compreensão, a participação e o envolvimento dos usuários nesse trabalho precisavam ser construídos, pois não há demanda para a inserção em um trabalho socioeducativo, e o vínculo é realizado pela obrigatoriedade da participação, pelo receio em perder a cesta básica, e não pelo reconhecimento da necessidade e da relevância de um espaço desse tipo.

Assim, para enfrentar a principal dificuldade apresentada pelas assistentes sociais tornou-se necessário compreender as demandas (as requisições sócio-organizacionais) presentes na escolha desta estratégia/técnica que utiliza as reuniões como principal instrumento de intervenção.

Após o diálogo com as assistentes sociais e do debate que empreendemos no laboratório, concluí e expressei para elas que as requisições sócio-organizacionais presentes no PAIC respondem a algumas das necessidades reais dos usuários, mas expressam um conteúdo sociopedagógico conservador, ao perpetuar a apreensão individualizada sobre os problemas apresentados pelos usuários. Tal conteúdo revela-se também na expectativa de que o trabalho socioeducativo será capaz de promover as famílias, sendo bem-sucedido quando os usuários (apreendidos individual e genericamente) tornam-se independentes em relação ao programa.

A apreensão individual manifesta-se no modo de acesso à cesta básica nesse programa. O cadastro é feito e há seleção das famílias mais "necessitadas"; uma vez que o recurso não é universal, não constitui um direito. O acesso é mediatizado pela análise de situações para identificar aquelas mais urgentes.

Simultaneamente, a apreensão individual compatibiliza-se com a apreensão genérica, uma vez que há uma generalização das questões, subordinando-as aos conceitos de "carência" e "pobreza" como chaves de explicação e de acesso ao programa.

Por fim, através das reuniões os usuários recebem a cesta básica e também informações que promoveriam melhores condições de vida. Em resumo, o trabalho, implícita e explicitamente, reforça a concepção pedagógica de "dar o peixe e ensinar a pescar".

Nesse sentido, sabemos que a estratégia de enfrentamento às expressões das questões sociais aprofundadas no desenvolvimento das sociedades capitalistas tem sido a assistência social, reconhecida no Brasil como um direito, mas historicamente carregada de conotações caritativas, filantrópicas, humanitárias, as quais individualizam os problemas sociais e prescrevem ações educativas de cunho sociopedagógico carregadas pela concepção de ajuda mútua, de solidariedade entre as classes, obscurecendo a apreensão dos problemas em sua dimensão coletiva e estrutural, na dinâmica contraditória entre capital e trabalho.

Embora o equipamento CRAS esteja vinculado à implementação da Política Nacional de Assistência Social, sendo uma possibilidade aberta de acesso e talvez de garantia dos direitos socioassistenciais, como a efetivação do acesso à assistência social a quem dela necessitar, ele enfrenta dificuldades para cumprir essa destinação.

Em si mesmo, o CRAS necessita de recursos humanos e materiais, de espaço físico adequado, de um corpo de profissionais, para que possa cumprir as atribuições que lhe são delegadas. Também precisa contar com uma rede de serviços socioassistenciais capaz de responder às demandas existentes.

Tanto uma condição quanto a outra encontram entraves para se efetivar. Os recursos para implantação dos CRAS são escassos e a rede é instável, pois depende da liberação de recursos ou da captação de recursos na sociedade e no Estado para continuar se mantendo, além de muitas organizações precisarem se atualizar e apropriarem-se da compreensão dos serviços que oferecem como direitos a que a população tem garantia de acesso.

Além disso, o CRAS, embora trabalhe com as famílias que recebem o Programa Bolsa Família (BPF), não participa diretamente da gestão deste, com poder limitado sobre os critérios e sobre a possibilidade de acesso das famílias ao PBF, ainda que as condições socioeconômicas indiquem a pertinência de acesso das famílias ao programa.

Esses elementos, presentes na análise realizada com as assistentes sociais, embora conhecidos por elas, acabavam obliterados no momento de realização da intervenção com grupos. Ou seja, as profissionais elegeram a estratégia de trabalho com grupos sem refletir mais profundamente sobre essas questões, e acabaram reproduzindo uma intervenção alinhada às requisições sócio-organizacionais, no sentido de possibilitar aos usuários um espaço de participação descolado da apreensão de suas necessidades reais (em sua inserção social) e do modo como eles demandavam ou não aquele trabalho.

Vimos, então, que as necessidades reais dos usuários estavam sendo respondidas no momento do acesso à cesta básica. A obrigatoriedade de participar da reunião aparecia, no meu entendimento, como algo além, que incluía uma espécie de contrapartida deles, "você recebe a cesta se vier à reunião". Esse conteúdo, "se vier à reunião", significa um desmonte da noção de direito, ou seja, se o usuário tem direito à alimentação, quando dela efetivamente necessita, por que, para alcançá-la, ainda precisa participar de uma reunião?

Desse modo, a realização da reunião obscurecia a dimensão do direito e dificultava, em meu entendimento, uma adesão ao trabalho socioeducativo, gerando uma resistência à participação e ao envolvimento com o trabalho.

Observamos que para realizar grupalmente um trabalho socio-educativo no PAIC seria necessário analisar esses aspectos e propiciar que os participantes pudessem discuti-los, expressando suas posições em relação a ele.

Vimos também que a demanda para o trabalho socioeducativo presente nos CRAS está vinculada ao acompanhamento das famílias através do Programa de Atenção Integral à Família. Existe espaço para a intervenção com grupos, ou para realização do trabalho socioeduca-tivo através da intervenção com grupos, utilizando as reuniões como principal instrumento. Mas é necessário que o Serviço Social, ao apropriar-se dessa demanda, analise qual o conteúdo pertinente a essa ação, qual o aprendizado necessário aos usuários, a partir da problemática por eles apresentada, a partir da análise dos conteúdos comuns expressos nessas problemáticas, os quais constituem os temas necessários ao trabalho socioeducativo.

Para nós, a problemática comum diz respeito às condições de vida, às estratégias de sobrevivência desses usuários, ao modo como lhes foi negado o acesso até mesmo ao trabalho explorado e ao modo de integração possível, via assistência social, que lhes retira a digni-dade de manter, pelo próprio trabalho, as condições de vida e exis-tência (Mota, 2008).

Contudo, torna-se necessário particularizar essa compreensão em relação à problemática comum, analisando as características dos usuá-rios em cada região/território, analisando os problemas enfrentados por eles no âmbito coletivo e no âmbito das famílias, inclusive consi-derando as questões individuais que também precisam ser apreendidas.

Essa análise é um dos elementos centrais para a realização da intervenção com grupos e pode ser construída no âmbito do proces-so grupal. A elaboração dos participantes do grupo sobre as suas condições de vida e de existência pode ser um produto do trabalho socioeducativo, o qual move a reflexão e a ação do grupo sobre as suas condições de vida e de existência.

Na "pedagogia da ajuda" (Abreu, 2002), subentende-se que é necessário "ensinar a pescar", ou ajudar o outro (apreendido individual e genericamente) a encontrar os meios de manter a sua sobrevivência.

Na direção de uma "pedagogia da emancipação" (Abreu, 2002), subentende-se que é necessário agir sobre a realidade na qual estamos inseridos, encontrando meios para expressar e falar sobre os problemas abertamente, entendendo-os em suas dimensões coletivas.

Trata-se antes de investir na construção das possibilidades de ação, possibilidades de constituição de sujeitos capazes de agir sobre o que efetivamente consideram necessário.

Nesse sentido, "ninguém [ensina] ninguém... os [seres humanos] educam-se entre si, mediatizados pelo mundo" (Freire, 1996).

Não há o "que pescar" quando no mar os peixes estão escassos. Nem há fórmula para ser repassada que garanta a sobrevivência de todos nós, quando estamos submetidos às prioridades do capital, à apropriação privada da riqueza construída socialmente, à produção para o valor de troca, à instabilidade gerada pelas crises cíclicas, à efemeridade das garantias duramente conquistadas como direitos sociais e ao desemprego real.

As ações para garantir a sobrevivência com dignidade estão no campo das possibilidades, precisam ser construídas. O espaço do trabalho socioeducativo realizado grupalmente poderá converter-se em oportunidade para enfrentar os problemas se eles forem apreendidos concretamente, se eles forem compreendidos coletivamente.

1. O trabalho socioeducativo realizado grupalmente: proposição e sugestões técnico-operativas

A partir da análise dos conteúdos das demandas dos assistentes sociais inseridos nos CRAS, no processo de sua implantação em Juiz de Fora, nos indagamos acerca da possibilidade de desenvolver um trabalho grupal, socioeducativo, direcionado pela perspectiva crítico-dialética.

Uma vez que as demandas/requisições são tensionadas pelas necessidades reais dos usuários e por suas formas de ação e de organização, o conteúdo do trabalho socioeducativo pode potencializar a reflexão fundamentada na inserção real dos usuários, materializadas em suas condições de vida, em suas estratégias de sobrevivência.

O trabalho socioeducativo supõe um conteúdo, um campo temático que o referencia. Por sua vez, o campo temático inclui as questões e problemas concretos vivenciados pelos usuários. Ou seja, o campo temático é a possibilidade de apreensão racional das questões e problemas concretos vivenciados pelos usuários, bem como de apreensão da possibilidade de construção de alternativas concretas para sua superação.

As questões e problemas vivenciados pelos usuários podem ser apreendidos por eles mesmos através da expressão verbal, através da manifestação da coerência/conexão real entre as questões e problemas vivenciados individualmente, dos aspectos comuns às diferentes "falas", construindo possibilidades de interpretação, de conhecimento no campo teórico-conceitual.

Os assistentes sociais têm acesso privilegiado às condições de vida, à inserção real dos usuários, ao modo como eles comunicam as suas estratégias de sobrevivência e como explicitam as suas "carências" e as suas possibilidades de superação.

Em um trabalho socioeducativo realizado grupalmente, esse conhecimento é um elemento facilitador, pois aproxima o profissional das condições concretas dos participantes do grupo, possibilitando um diálogo próximo da sua realidade.

Paulo Freire, em seu livro *Pedagogia do oprimido* (1996), explicita de modo minucioso a aproximação entre educadores e educandos, justamente enfatizando o conhecimento a partir da inserção concreta no mundo, o que é possível pelo contato com o bairro, a vizinhança, o lugar onde os educandos moram e vivem. Por isso, o educador vai até o educando. Para os assistentes sociais nos CRAS, esse contato é uma possibilidade acessível, os equipamentos estão inseridos no território onde os usuários vivem. Freire, na mesma obra, também enfatiza a necessidade de diálogo, pelo exercício da linguagem, pela comunicação, pela decodificação dos conteúdos assimilados e expressos no "falar", no modo como as pessoas falam de si e compreendem a própria inserção social. Mais uma vez, os assistentes sociais nos CRAS atendem, entrevistam, conversam com os usuários acerca das suas "carências", das suas necessidades, e por essa via acessam o modo como eles falam sobre os seus problemas e o modo como compreendem as suas necessidades, expressas como "carências".

Tais conteúdos, acessíveis aos profissionais, constituem o material fundamental acerca do qual podemos construir um campo temático que constituirá a referência para o trabalho pedagógico realizado grupalmente.

A apreensão do campo temático é necessária ao profissional e constitui-se como referência no trabalho socioeducativo realizado grupalmente. Dizendo de outro modo, o trabalho socioeducativo exige que o assistente social se prepare, identificando as questões/ temáticas que expressam a inserção real dos usuários. Tal preparo é o conteúdo deflagrador do processo pedagógico, pois a partir dele o assistente social sustentará o diálogo que será desencadeado no grupo.

No diálogo com as assistentes sociais dos CRAS construímos uma hipótese de que a temática que apreende a problemática comum aos usuários dos CRAS está nas "condições de vida e estratégias de sobrevivência", que expressam as demandas que atravessam o equipamento CRAS.

A partir também desse diálogo, tivemos algumas "pistas" do modo como os usuários compreendem as suas condições de vida e de como vivenciam a sua inserção social.

Uma das pistas refere-se à individualização dos problemas, a recorrência às explicações referentes à própria "incapacidade" ou "incapacitação" para prover os meios e recursos à sobrevivência. A relação que estabelecem com os CRAS tende a se constituir como uma relação de dependência da ajuda do profissional, em um vínculo personificado, pessoal, com quem libera ou materializa a liberação e o acesso ao recurso financeiro ou aos serviços (geralmente, com assistente social). A gratidão e as demonstrações de afeto são elementos relacionados à personificação dessa relação. Elementos que corroboram a representação de autoincapacitação para prover a sobrevivência através de recursos próprios, obtidos pela inserção no mercado de trabalho.

Outra "pista" indica que há um conteúdo na autorrepresentação dos usuários, de satisfação quanto às suas estratégias bem-sucedidas para continuar vivo, o modo como, apesar de todas as questões e problemas, é possível continuar sobrevivendo, se alimentando e garantindo a própria subsistência. A satisfação por estar vivo, apesar de tudo.

Nesse sentido, o campo temático "condições de vida e estratégias de sobrevivência" indica essa complexidade entre as condições materiais de existência e o modo como elas são apreendidas e vivenciadas pelos sujeitos, a princípio, individualizadas, na dificuldade de acesso aos recursos materiais e espirituais — produzidos pela sociedade —, vivida como incapacidade e, simultaneamente, como sucesso no âmbito da possibilidade de manter-se vivo em condições adversas.

Como construir um trabalho socioeducativo a partir dessa temática?

Na perspectiva crítico-dialética é importante trabalhar os conteúdos manifestos pelos sujeitos, compreendendo-os em sua relação com a totalidade dos processos sociais.

Assim, todas as "situações vividas pelos usuários" manifestam-se em seu caráter singular e universal. A elucidação dessa relação entre o singular e o universal constitui-se na particularidade, que também significa a apreensão dessa unidade entre os processos singulares e universais.

Em relação aos processos grupais, os quais estão presentes no trabalho socioeducativo realizado grupalmente, torna-se visível essa relação entre a singularidade dos sujeitos e os conteúdos comuns que atravessam suas diferentes (e únicas) trajetórias de vida.

Pichon-Rivière (1998) dedicou-se à compreensão dos processos grupais fundamentando-se na perspectiva dialética. Para o autor, a inserção dos sujeitos nos grupos (e aqui nos referimos aos diferentes trabalhos profissionais desenvolvidos com grupos em diversas inserções socioinstitucionais) implica uma relação dialética. Nesse sentido, o autor utiliza o conceito de verticalidade para expressar o polo subjetivo dessa interação; no outro polo, o conceito de horizontalidade expressa a sua dimensão grupal.

Em um sentido mais amplo, propriamente ontológico, o sujeito depende do grupo e o grupo não existe sem o sujeito. As interações entre o sujeito e o grupo, dos sujeitos entre si na relação com o grupo, constituem-se em interações complexas, que não podem ser reduzidas às suas expressões bilaterais, como por exemplo, indivíduo x grupo.

Desse modo, podemos dizer — sustentando-nos na tradição marxista (Marx, Engels, Lukács) — que a singularidade dos sujeitos é construída na sua inserção social e que a totalidade social é constituída por múltiplos processos, os quais para serem compreendidos necessitam ser apreendidos em sua particularidade: em sua relação de unidade entre singular e universal.

Da perspectiva técnico-operativa que constitui a particularidade da nossa abordagem neste artigo, indagamos acerca das habilidades necessárias para trabalhar nos grupos essa relação entre o singular e o universal. Ou seja, como coordenar e propor essa perspectiva dialética na condução dos trabalhos socioeducativos realizados grupalmente.

No trabalho com grupos cada participante, cada usuário, insere-se na condição de sujeito — na ambiguidade que esse termo revela — trazendo para o grupo a sua experiência de vida, a sua trajetória percorrida até aquele momento, expressa na sua "história de vida" (Lane, 1988).

No trabalho socioeducativo é necessário partir da história de vida dos sujeitos porque essa história revela concretamente o caminho percorrido, as opções existentes e as escolhas possíveis efetivadas pelos sujeitos. Ou seja, revela "o lugar" no qual "os sujeitos estão", "as perspectivas" que movem os sujeitos.

A história de vida de cada sujeito constitui a sua verticalidade na relação com o grupo, é a marca que o caracteriza e o diferencia na inserção grupal. É também a referência a partir da qual ocorre o aprendizado, as alterações e transformações subjetivas na interação com os processos grupais.

O trabalho socioeducativo realizado grupalmente permite ou possibilita que os sujeitos possam identificar-se com o grupo, possam construir uma identidade grupal e agir a partir de convergências de interesses ou da formulação de horizontes comuns.

Em nossa compreensão, a identificação dos pontos comuns presentes nas diferentes histórias de vida é o que possibilita a emergência do "sentido de nós", do sentido de pertencer ao grupo. É o que possibilita a emergência de ações coletivas, uma vez que a identificação promove um horizonte comum que deflagra a possibilidade de agir grupalmente.

A possibilidade de refletir sobre essa dimensão comum presente nas diferentes histórias de vida viabiliza a compreensão da relação entre as necessidades comuns dos sujeitos e os processos sociais que as engendram.

Partir dos sujeitos, nessa temática, significa partir das suas histórias de vida, do modo como se mantêm vivos, *possibilitando a expressão verbal* sobre as trajetórias percorridas por eles e sobre as suas estratégias de sobrevivência até aqui. As trajetórias de vida assim verbalizadas estão carregadas das condições que as tornaram necessárias e também possíveis.

O trabalho do assistente social, então, é escutar e identificar esses conteúdos e atuar a partir deles, enfatizando os pontos de conexão e os aspectos comuns aos diferentes sujeitos. O pêndulo da intervenção profissional, nesse sentido, está entre facilitar a expressão verbal dos sujeitos e explicitar os núcleos de convergência presentes nas questões "ditas" pelos sujeitos.

Os principais recursos técnico-operativos concentram-se no preparo e na sistematização das reuniões, através de relatórios que permitirão o preparo da próxima reunião.

Foi a partir dessas reflexões que construímos algumas referências técnico-operativas para o trabalho socioeducativo realizado grupalmente, o qual inclui uma sequência hipotética de procedimentos que poderão orientar esse trabalho na perspectiva crítico-dialética.

A intenção ao esboçar sugestões sobre o planejamento do trabalho socioeducativo e para organização e operacionalização das reuniões foi de contribuir com os profissionais de Serviço Social para a realização do trabalho socioeducativo com grupos nos CRAS; as sugestões foram apresentadas na última reunião realizada com as assistentes sociais no laboratório sobre trabalho com grupos, referência para essa pesquisa, conforme indicamos no início deste artigo.

Ao inserir essas sugestões neste artigo, assumimos um grande risco: o de banalizar os procedimentos ou simplificar demais um trabalho que é, de fato, bastante complexo e exige do assistente social investimento em planejamento e análise sobre a execução do mesmo.

Contudo, assim o fizemos para desdobrar e esmiuçar os detalhes operativos, a fim de exemplificar "como" desenvolver (ainda que caricaturalmente) um trabalho desse tipo.

Assim, *sobre o planejamento do trabalho, indicamos*:

1. Fixar um número limitado de reuniões, sugerimos até seis reuniões para um projeto-piloto, realizadas semanal ou quinzenalmente. O tempo de realização das reuniões também precisa ser fixado. Propomos até duas horas de reunião;

2. Preparar as reuniões, indicando o conteúdo a ser abordado em cada uma delas e os recursos operativos para sua realização;

3. Relatar cada uma das reuniões, enfatizando nos relatos a fala dos participantes, literalmente. O melhor procedimento seria designar um profissional (ou estagiário) como participante do trabalho na qualidade de responsável pela elaboração do relatório;

4. Rever os conteúdos a serem abordados após a realização e o relato de cada reunião;

5. Sintetizar para o grupo, ao final do trabalho e a partir dos relatórios, a elaboração realizada por eles, indicando o que foi construído pelo grupo nesse período.

Para o desenvolvimento das seis reuniões, esboçamos os seguintes procedimentos referentes à *organização e operacionalização das reuniões*:

Primeira reunião: reunião na qual a proposta do trabalho socioeducativo e a dinâmica dos trabalhos serão apresentadas e discutidas com o grupo. Essa reunião pode ser concebida como dois grandes momentos: construção da adesão dos participantes e introdução ao núcleo temático que permeará o trabalho.

Para a construção da adesão dos participantes ao trabalho é necessário: a) apresentar e conversar sobre as razões que levaram o profissional/equipe a propor o tema daquele trabalho, fundamentando as suas propostas; b) escutar o grupo, em relação às expectativas dos participantes sobre o trabalho, ou sobre as razões que os levaram até ao grupo; c) operacionalizar o "contrato do grupo" — o que poderá e o que não poderá ser feito naquele espaço ou o que eles querem e o que não querem que aconteça naquele espaço. Combinar os dias e os horários, combinar como será a distribuição do vale-transporte e o horário do lanche.

Para a introdução à temática central: expor por alguns minutos (dez) a temática central do trabalho, "condições de vida e estratégias de sobrevivência" (compreensão da equipe sobre esse tema), propiciar um diálogo inicial sobre o que foi exposto, favorecendo as expressões de opiniões entre os participantes.

Avaliar a reunião com os participantes a partir da percepção deles sobre ela.

Elaborar o relatório da reunião.

Segunda reunião: conhecimento das trajetórias de vida (ênfase na verticalidade ou aspectos singulares identificados a partir da história de vida).

Qual o melhor recurso a ser utilizado para propiciar a exposição dos participantes e a interação entre eles? Nossa sugestão: utilizar fotos (mesmo que só possuam a do registro de identidade) ou solicitar na primeira reunião que eles levem objetos que tiveram e permaneceram com eles na sua trajetória de vida; uma pessoa pode ser escolhida ou se candidatar a relatar a sua história para o grupo, se houver um espaço de acolhida para tanto. O profissional/equipe deve preparar-se para ir identificando os aspectos comuns aos diferentes relatos, às diferentes trajetórias.

Ao final, conversar sobre a reunião, escutar as opiniões das pessoas, sugestões, incômodos etc.

Terceira reunião: condições de vida (ênfase na horizontalidade: na percepção dos participantes sobre os aspectos comuns às suas trajetórias).

Quais "condições" estiveram presentes nas trajetórias de vida dos sujeitos (horizontalidade, buscar os elementos comuns ao grupo)?

Propor para o grupo os elementos comuns identificados na reunião anterior e organizados previamente pelo coordenador/ equipe.

Analisar e identificar com o grupo os aspectos que atravessam as nossas condições de vida nas relações sociais que estabelecemos, por exemplo:

a. Inserção através do trabalho;

b. Convivência com a vizinhança;

c. Inserção na escola;

d. Condições de saúde;

e. Condições de moradia;

f. Condições econômicas (renda familiar);

g. Modos de lazer e de divertimento;

h. Modos de convivência familiar;

i. Modos de convivência religiosa.

Como nos percebemos nessas inserções? Como os vemos? Como somos vistos?

Ao final, conversar sobre essa reunião.

Elaborar o relatório da reunião.

Quarta reunião: estratégias de sobrevivência (ênfase na verticalidade, propiciar que os sujeitos expressem as suas estratégias de sobrevivência para o grupo).

Como, diante das condições concretas, cada participante tem conseguido manter-se vivo?

Propor a cada participante recordar e expor os modos como tem conseguido sua sobrevivência: empregos, bolsa família; trabalho informal, prestação de serviços, trabalho doméstico, solidariedade.

Pode-se utilizar o recurso de desenhar ou escrever para expressar os meios de sobrevivência e depois expor o desenho ou as frases escritas, comentando-as. Outro recurso pode ser o relato de dois participantes entre si com a exposição de cada um sobre o que o outro lhe relatou.

Propor que os participantes identifiquem os núcleos comuns em suas estratégias de sobrevivência.

Ao final, conversar sobre essa reunião.

Elaborar o relatório da reunião.

Quinta reunião: a vida pode ser diferente? (Ênfase na horizontalidade.)

Qual imagem os participantes têm de uma vida melhor? Montar um painel, a partir de recortes de revistas, uma tarefa em comum ao grupo todo. O painel ficará no chão e os participantes vão transitando nele e incluindo suas fotos, frases etc. Solicitar que o grupo apresente para o profissional/equipe o painel.

Debater: se o que eles propuseram se realizasse, todos seriam contemplados?

Propor a reflexão sobre os projetos (projeções de vida) presentes nas imagens utilizadas pelos participantes. Questionar os participantes sobre o que precisa ser feito para a vida ser diferente.

Ao final, conversar com o grupo sobre essa reunião.

Elaborar o relatório da reunião.

Sexta reunião: finalização do trabalho.

Relatar a "história do grupo" nessas seis reuniões, o que o grupo produziu em seus relatos, reflexões e debates. Possibilidades abertas a partir desse trabalho, em termos da elaboração dos sujeitos sobre as suas condições de vida e sobrevivência e do aprendizado realizado por eles. Avaliação do grupo e da coordenação sobre o trabalho realizado; existem proposições para a continuidade do trabalho realizado com o grupo; existem outras proposições?

É necessário observar que as proposições para as seis reuniões estarão sujeitas ao acolhimento dos sujeitos, à adesão deles à proposta e também a sua avaliação em relação às tarefas (ação sobre si mesmo — assumir novas referências e concepções; ação no grupo — expor-se ao grupo) que essas reflexões lhes impõem.

É imprescindível que o coordenador/equipe esteja atento às manifestações dos sujeitos em relação às proposições feitas ao grupo. Por isso, a "conversa" ao final de cada reunião torna-se um momento de identificação dessas questões e de manifestação dos sujeitos sobre o conteúdo expresso em cada reunião.

Utilizamos a alternância na ênfase entre verticalidade e horizontalidade como procedimento operativo para possibilitar a identificação dos sujeitos com o grupo, criando oportunidades para a convergência de ações e de projetos.

Essa alternância também possibilita a emergência de questões sobre os processos sociais mais amplos e sua relação com as histórias de vida dos próprios sujeitos. Permite ao assistente social a apreensão e análise de elementos que particularizam a compreensão sobre as expressões da questão social que impactam o conjunto dos sujeitos. Permite, ainda, a emergência de ações coletivas que possam abrir novas possibilidades de enfrentamento em face dos projetos societários hegemônicos.

Apesar de caricatural, as sugestões para o desenvolvimento das reuniões indicam a necessidade de trabalhar a partir de um planejamento que envolve o desdobramento da temática nas reuniões, garantindo a sua integridade no decorrer do processo.

Considerações finais

Resumindo, neste artigo estamos considerando que a intervenção realizada com grupos pelo Serviço Social caracteriza-se e se expressa como uma atividade socioeducativa. O assistente social, ao intervir junto aos grupos, ao desenvolver atividades com grupos, assume a atribuição de informar, de orientar os usuários em relação aos seus direitos e ao exercício da cidadania, núcleo comum das informações e das discussões e preocupações presentes na intervenção profissional.

Por outro lado, a formação profissional reconhece e atribui ao assistente social funções pedagógicas, reconhecendo-o como um educador que possui na linguagem um dos instrumentos mais potentes para atuar pedagogicamente (Iamamoto e Carvalho, 1985).

Essa particularidade referente à intervenção dos assistentes sociais com grupos exige que os profissionais analisem e compreendam as demandas sociopedagógicas presentes no espaço sócio-ocupacional para qualificar as suas respostas orientadas pelos princípios ético-políticos e respaldadas tecnicamente na apreensão crítico-dialética da realidade, conteúdos do projeto profissional hegemônico no Serviço Social brasileiro na atualidade.

Inferimos que as atividades socioeducativas realizadas grupalmente pelos assistentes sociais expressam o acúmulo profissional no âmbito do trabalho com grupos no Serviço Social.

Contudo, esse acúmulo que se expressa na habilidade dos assistentes sociais para organizar as atividades socioeducativas e para desenvolvê-las valorizando a participação e o envolvimento dos usuários precisa ser objeto de reflexão e de análise dos profissionais.

Consideramos ser necessário incorporar a análise da realidade concreta, expressa nas necessidades reais dos usuários, como um dispositivo capaz de trazer, a partir da problemática manifesta, os conteúdos temáticos relevantes para os participantes, capazes de suscitar uma compreensão mais próxima dos problemas efetivos.

Referências

ABREU, M. M. *Serviço Social e a organização da cultura:* perfis pedagógicos da prática profissional. São Paulo: Cortez, 2002.

FREIRE, P. *Pedagogia do oprimido.* Rio de Janeiro: Paz e Terra, 1996.

IAMAMOTO, M. V. *Serviço Social em tempo de capital fetiche.* São Paulo: Cortez, 2007.

_____; CARVALHO, R. *Relações sociais e Serviço Social no Brasil:* esboço de uma interpretação histórico-metodológica. São Paulo: CELATS; Cortez, 1985.

LANE, S. T. O processo grupal. In: LANE, S. T. M.; CODO, W. (Org.). *Psicologia social.* O homem em movimento. São Paulo: Brasiliense, 1988.

LAPASSADE, G. *Grupos, organizações e instituições.* Rio de Janeiro: Francisco Alves, 1983.

LEWIN, K. *Problemas de dinâmica de grupo.* São Paulo: Cultrix, s/d.

LOURAU, R. Grupos e instituição. In: ALTOÉ, S. (Org.). *René Lourau analista institucional em tempo integral.* São Paulo: Hucitec, 2004.

MOTA, A. E. (Org.). *O mito da assistência social:* ensaios sobre Estado, política e sociedade. São Paulo: Cortez, 2008.

NETTO, J. P. A construção do projeto ético-político do Serviço Social frente à crise contemporânea. In: *Capacitação em Serviço Social e Política Social.* Módulo 1 — Brasília: ABEPSS/CFESS, 1999.

PAULA, C. A. de. *A estruturação do CRAS da região leste no município de Juiz de Fora.* TCC FSS; UFJF — julho de 2008. Monografia (Trabalho de Conclusão de Curso) — Faculdade de Serviço Social, Universidade Federal de Juiz de Fora, Juiz de Fora.

PICHON-RIVIÈRE, E. *O processo grupal.* São Paulo: Martins Fontes, 1998.

SERVIÇO SOCIAL, PROJETO ÉTICO-POLÍTICO E CULTURA:
as intersecções na intervenção do assistente social que trabalha na implementação da política de assistência social

Carina Berta Moljo
Priscilla Alves Moura de Souza
Raquel Ferreira Timoteo
Renata Aparecida Ferreira da Silva

O texto que aqui apresentamos[1] tem como objetivo principal refletir acerca da intervenção do assistente social no âmbito da assis-

---

1. Este texto tem como base os relatórios da pesquisa "Serviço Social e cultura na intervenção profissional do assistente social", financiada pela UFJF e pelo CNPq, coordenada pela prof. Moljo, em que as outras autoras deste trabalho participaram como bolsistas de iniciação científica. Também tem como base o trabalho de conclusão de curso denominado *A dimensão da cultura na intervenção profissional dos assistentes sociais inseridos nos CRAS do município de Juiz de Fora*, defendido em 2010 sob orientação da Prof. Moljo e realizado pelas alunas antes citadas.

tência social, especialmente daqueles que estão inseridos nos CRAS (Centros de Referência de Assistência Social) de Juiz de Fora. Para isto, as categorias que nos balizaram nesta análise foram principalmente, mas, não exclusivamente, a categoria de cultura, projeto ético-político do Serviço Social e, é claro, o próprio Serviço Social, que é colocado aqui como o centro da nossa análise.

Evidentemente isto não representa um "olhar endógeno" do Serviço Social. Desde o processo de Intenção de Ruptura com o Conservadorismo, nos finais dos anos de 1970, e, sobretudo, desde a aproximação do Serviço Social com a tradição marxista,[2] compreendemos o Serviço Social inscrito nas relações sociais.[3] Quer dizer, partimos da premissa de que para compreender a profissão é preciso compreender as relações entre as classes sociais em determinado contexto econômico, histórico, político e cultural. Compreender quais são as principais demandas que o Serviço Social recebe e como este responde a essas demandas,[4] mas isto não nos exime de colocar o Serviço Social como questão principal na nossa análise.

Existe um consenso dentro da profissão, de que esta é composta pelas dimensões teórico-metodológica, técnico-operativa e ético-política. No decorrer deste texto procuraremos reconstruir uma perspectiva histórico-crítica de como estas dimensões "aparecem na profissão", isto é, procuramos analisar o modo de pensar a profissão e o modo como esta "aparece, como se objetiva" no cenário mais amplo da sociedade, em quais matrizes de pensamentos se sustenta o exercício profissional, mas tendo a categoria "cultura" como principal baliza. Nessa direção, sinalizaremos quais os principais

---

2. Cf. Netto, José Paulo. O Serviço Social e a Tradição marxista. *Revista Serviço Social & Sociedade*, São Paulo, Cortez, n. 30, 1988.

3. Considerando para isto a obra inaugural de Iamamoto, Marilda; Carvalho, Raul de. *Relações sociais e Serviço Social no Brasil:* esboço de uma interpretação histórico-metodológica. São Paulo: Cortez; CELATS, 1982.

4. Como é sabido, foi este o caminho realizado por Netto para compreender o processo de renovação do Serviço Social durante a autocracia burguesa no Brasil. Netto, José Paulo. *Ditadura e Serviço Social*. Uma análise do Serviço Social no Brasil pós-64. São Paulo: Cortez, 1996.

A DIMENSÃO TÉCNICO-OPERATIVA NO SERVIÇO SOCIAL   155

instrumentos privilegiados pelo Serviço Social em cada período histórico para desenvolver a sua ação.[5] Como sabemos, os instrumentos que utilizamos não são neutros, pelo contrário, eles objetivam uma forma de conceber e de intervir sobre a realidade, portanto, a direção que eles assumem materializa uma concepção de mundo e de profissão.

Para fins pedagógicos o nosso texto foi dividido nos seguintes itens: primeiramente apresentamos o debate sobre a cultura e Serviço Social; em seguida, analisamos como estas categorias se objetivam na intervenção concreta do assistente social — para isto, nos valemos dos dados da pesquisa de campo; e finalmente tecemos algumas considerações finais. A pesquisa teve como ponto de partida o trabalho de campo realizado pelo grupo de pesquisa "Serviço Social, movimentos sociais e políticas públicas", da Faculdade de Serviço Social, da Universidade Federal de Juiz de Fora, no desenvolvimento da pesquisa "Análise das condições sociais, econômicas, políticas e culturais e da intervenção profissional do assistente social na implementação do SUAS em Juiz de Fora e Região" realizada entre os anos 2008/2009. Ressaltamos que a nossa análise não considerou o questionário integralmente, na medida em que foram selecionadas somente as questões relacionadas ao nosso objeto de estudo.[6] Também realizamos sete entrevistas semi-estruturadas de final aberto,[7] tendo como objetivo aprofundar as questões que guiavam a nossa pesquisa.

---

5. Alertamos que não é esse o nosso principal objeto neste texto.

6. Portanto, das 37 entrevistas que compunham a base de dados original, trabalhamos somente com 11, que correspondem às assistentes sociais que trabalham nos CRAS. As outras assistentes sociais entrevistadas faziam parte das instituições da rede da AMAC, não eram vinculadas ao CRAS. A AMAC, Associação Municipal de Apoio Comunitário, é a responsável pela execução dos CRAS em Juiz de Fora e foi fundada em 1985, como uma associação civil.

7. É importante salientar que nosso objetivo era entrevistar um universo de 30% das profissionais dos CRAS, o que corresponde a oito assistentes sociais, porém isso não foi possível devido ao fato de que uma profissional não teve disponibilidade para nos atender, portanto entrevistamos um total de sete assistentes sociais.

1. Cultura e Serviço Social

Observamos que o debate sobre a questão da cultura vem crescendo dentro do Serviço Social; de fato, esta temática vem se configurando como um eixo do Congresso Brasileiro de Assistentes Sociais (CBAS) desde 2004, fruto desse crescimento. Iamamoto (2004) também sinalizou o crescimento desta temática, sobretudo no âmbito da pós-graduação, relacionada às linhas de pesquisas dos programas. Entretanto a categoria cultura é compreendida das formas mais diversas e até contraditórias, portanto, consideramos importante explicitar qual o significado da categoria cultura e qual a relação com o Serviço Social.

Entendemos que a cultura seja uma categoria que nos permite conhecer os modos de vida, as formas de produzir e de reproduzir das classes sociais, as formas de consciência. Portanto é uma categoria que não pode ser analisada de forma isolada, pelo contrário, ela se constrói no processo histórico, dentro da totalidade, como um todo contraditório e articulado.

Williams (1992) afirma que a cultura é uma palavra de origem romana, criada a partir da expressão latina *colere*, de cultivo, de cultivar alguma coisa; depois seu significado foi atribuído à civilização e, atualmente, está relacionada às formas de expressão, arte, pensamento, ciência. Segundo Bezerra (2006), a cultura surge, primeiramente, relacionada à categoria trabalho, sendo que cada forma diferenciada de organização do trabalho corresponde a um universo cultural equivalente. Será a partir do século XVIII que a categoria cultura se relacionará com a de civilização, sendo a "responsável" por impulsionar os povos a saírem do estágio de barbárie.

> Civilização irá evocar os progressos coletivos alcançados por determinada sociedade através da cultura de seus membros, significando o processo que arranca a humanidade da ignorância e da irracionalidade. A civilização é, assim, um processo que pode e deve ser estendido a todos os povos que compõem a humanidade, os quais devem compartilhar do progresso oriundo da evolução humana (Bezerra, 2006, p. 35).

Pode parecer óbvio afirmar que cultura é produzida, criada pelo homem, que pensa e repensa a sua realidade, transformando-a de acordo com suas necessidades e sua visão de mundo. A cultura é um elemento fundante neste processo, que expressa o modo de ser e de pensar de uma sociedade, lembrando que sempre estará em movimento, em construção, tensionada pelas concepções das duas classes fundamentais e os seus projetos de sociedade. Mas, lembremos que é isto o que nos diferencia dos animais, a possibilidade de projetar, de criar. Nessa direção, Alencar (1994) afirma que as criações culturais só poderão ser compreendidas dentro de uma estrutura mais ampla, em uma perspectiva de totalidade, pois cultura é visão de mundo, o modo de vida de uma sociedade. A visão de mundo se expressa de diferentes formas nos grupos sociais e nas classes sociais, porque cada grupo, cada classe social, em cada tempo e contexto histórico, tem uma visão de mundo própria, peculiar dentro dessa totalidade.

Para o Serviço Social, a discussão de cultura torna-se também de extrema importância, na medida em que compreendemos a cultura como elemento fundante da profissão e que perpassa a sua trajetória. E ela é importante pelo menos em duas direções. A primeira diz respeito à própria profissão, já que permite decifrar o seu modo de ser e de pensar, de refletir sobre os objetos de estudo, de construir conhecimento sobre esses e intervir na realidade. Mas, também, e é essa a segunda direção, nos permite compreender as classes com as quais trabalhamos, seu modo de ser, a sua reprodução na vida cotidiana, a satisfação ou não das necessidades sociais,[8] e nos permite analisar os processos de alienação, além das possibilidades de superação, como sinaliza Chaui:

> Refletir sobre a cultura implica ter um olhar crítico sobre a realidade, visando à ruptura das condições estabelecidas, nas quais se reproduzem a exploração e a dominação. A cultura é a capacidade de decifrar as formas de produção social [...] ideias e valores (Chaui apud Moljo, 2008, p. 12).

---

8. Cf. Heller (1978).

Se através da análise da cultura torna-se possível decifrar a realidade, o papel desta categoria (cultura) é de fato fundamental para a profissão, que necessita a todo tempo se colocar propositivamente na luta pelos direitos. Recorrendo a Gramsci, pode-se dizer que a cultura é um dos elementos fundamentais na organização das classes subalternas, através das lutas pela hegemonia nas sociedades de capitalismo avançado e a permeação da ideologia na hegemonia.[9] A organização da cultura pelas classes subalternas significa o rompimento com a ideologia dominante e a conquista da própria consciência, que se materializa na elaboração de uma concepção de mundo e de vida, em contraposição às concepções de mundo "oficiais". A partir disso, esta classe adquire condições para perceber-se autonomamente (Abreu, 2008).

No período de gênese do Serviço Social, a dimensão da cultura já se encontrava presente, e a questão social era compreendida como um problema do indivíduo, uma "questão moral", questão de polícia, analisada através de uma visão psicologizante e individualizante.

> A dimensão individual é, assim, paradoxalmente, exaltada e reduzida. Por um lado, é perversamente fortalecida como realidade empírica, na medida em que são direcionadas para a órbita da responsabilidade dos sujeitos individuais as respostas oficiais dadas às sequelas da questão social, bem como o enfrentamento individual daquelas não contempladas pelos serviços sociais; por outro, como personalidade histórica, é esvaziada de razão, vontade e autonomia, devendo ser modelada a partir de mecanismos externos de integração social e de ajustamento psicossocial, nos limites das relações interpessoais, em que o universo familiar constitui instância central (Abreu, 2008, p. 87).

---

9. O conceito de hegemonia é o ponto de contato entre economia, política, moral e cultura, pois é através da hegemonia que determinada classe se torna dirigente de toda uma sociedade formada por classes diferentes entre si. Trata-se, portanto, de um conceito eminentemente político, mas que visa manter constante uma determinada ordem econômica e é exercida principalmente pelo manuseio de valores culturais e morais, bem como pela disputa nos campos filosófico e científico (Guterres, 2008, p. 44).

Não é por acaso que o "trabalho de caso" tenha sido uma das ferramentas principais nesse período. Basta ler os clássicos de Mary Richmond, para compreender como eram tratados os casos sociais, quase sempre se utilizando das entrevistas individuais para objetivar as ações profissionais. A direção teórico-metodológica que assumia o exercício profissional era a da matriz positivista,[10] culpando o indivíduo pela sua situação de miséria. De fato, o que temos aqui é uma forma de conceber o mundo, portanto uma concepção de cultura e de profissão, e os instrumentos utilizados vão nessa direção, demonstrando a não neutralidade destes.

Segundo Verdès-Leroux (1986), a cultura que os assistentes sociais da década de 1930 reproduziam estava intrinsecamente relacionada à vida que eles levavam, aos modos familiares, que eles acabavam tentando imputar nos operários, no sentido de moralizá-los, educá-los, ensinando esses operários a serem "indivíduos". Nessa época, o positivismo foi a grande influência teórica que o Serviço Social recebeu, na qual a intervenção tinha um forte traço moralizador que se travestia de "educador", se tratava de uma verdadeira "reforma moral".

> Observamos que a "cultura do Serviço Social" se encontra permeada pela herança da tutela, da moralização dos pobres, que vem desde a gênese do Serviço Social na sua intrínseca relação com a Igreja Católica e com o Positivismo, que Iamamoto (1982) denominou como "arranjo teórico-doutrinário" (Moljo, 2007, p. 21).

Na década de 1950, o projeto desenvolvimentista se fez presente no cenário latino-americano, assumindo no Brasil um caráter de forte intervenção estatal, tanto na esfera da economia como na esfera social. Conforme os preceitos do desenvolvimentismo, a cultura seria um "instrumento" importante para "retirar do atraso" os setores mais pobres e subdesenvolvidos da sociedade. Fazia-se necessário

---

10. Lembrando a forte influência da Igreja Católica com seu suporte conservador, realizando o que Iamamoto (1982) denominou de "arranjo teórico-doutrinário".

desenvolver habilidades na população para superar esse atraso, em um sentido de modernizar, porque se acreditava que, modernizando as pautas culturais, também se modernizava a economia, e vice-versa. Nessa época, o assistente social era chamado para educar a população, fazendo com que o desenvolvimentismo fosse aceito sem maiores resistências, e os profissionais já demonstravam um maior interesse e preocupação com o campo da cultura, particularmente com a "cultura do atraso". Colocava-se a pobreza como um "mal geral" que atinge a sociedade como um todo e não como um fenômeno social particular de determinados segmentos sociais, e sua superação estava fundamentada no crescimento econômico e na modernização dos "padrões culturais". Para se conseguir tal superação era necessário atingir toda sociedade, sendo o "povo" convocado a participar do esforço de construção de uma nova sociedade moderna e desenvolvida.

> Pauta-se por uma visão acrítica e aclassista que se sustenta em pressupostos de uma sociedade harmônica e equilibrada, percebendo a comunidade como unidade consensual, cujo objetivo seria a união dos esforços do povo aos do governo, enquanto estratégia para chegar ao desenvolvimento, assumida como a modernização das estruturas, mediante uma mudança cultural controlada (Silva e Silva, 2006, p. 26).

Diante disso, o Serviço Social passa a ter uma presença significativa no projeto de desenvolvimento nacional, se apropriando do Desenvolvimento de Comunidade e fazendo deste uns dos instrumentos privilegiados da sua intervenção. Neste período temos a predominância de ações mais "coletivas" do exercício profissional, seja no trabalho com grupos, seja no "desenvolvimento de comunidade". Assim, algumas das principais estratégias utilizadas foram: os programas para a educação das massas, ações na comunidade local, participação social, melhoria das condições de vida da população a partir de seus próprios esforços e recursos. O objetivo principal aqui era o de modernizar culturalmente os setores com os quais trabalhava o Serviço Social. Desta forma, a visão mais "coletiva" estava atrelada a uma visão funcionalista da sociedade e, portanto, a uma visão de sociedade e de profissão.

De acordo com Moljo (2007), é nesse contexto de desenvolvimentismo, no Brasil, que a categoria cultura ganha maior destaque no interior da profissão, devido principalmente ao Serviço Social de Comunidade, que se preocupava, sobretudo, com a "cultura do atraso" e com a marginalização dos setores mais pobres da sociedade. Acreditava-se que influenciava na reprodução do ciclo da pobreza o "atraso cultural" das classes subalternas, majoritariamente provenientes de setores rurais ou mesmo urbanos que mantinham as pautas culturais agrárias, que não condiziam com as pautas dos grandes centros urbanos, vistos como símbolos da modernização. Ainda de acordo com Moljo (2007), o acesso à cultura e aos padrões culturais era considerado fundamental para o crescimento da Nação e, nesse contexto, o papel que os assistentes sociais assumiam para si era importantíssimo, já que estes eram um dos principais responsáveis por tais mudanças.

Diante disso, o Serviço Social teve que se adaptar a essa nova conjuntura, que exigia um profissional técnico e eficiente para enfrentar os "problemas sociais" derivados da pobreza, trabalhando nas "deficiências culturais" que estas apresentavam.

No período compreendido entre os anos de 1961-1964, observa-se uma crise no Serviço Social tradicional, ou seja, inicia-se um processo de crítica às formas tradicionais de intervenção baseadas no caso, grupo e comunidade. O início da década de 1960 expressa um período de grande impulso para o Serviço Social, no que tange à modernização da profissão; ao aumento do número de escolas e demandas sociais e expansão do meio profissional, com a ampliação das funções exercidas pelo assistente social através das tarefas de coordenação, administração e planejamento de programas sociais. É nesse período também que o proletariado urbano e rural organiza-se e faz reivindicações por direitos e mudanças.

Entretanto, essas mudanças foram abortadas pela contrarrevolução preventiva em 1964. Netto (1996) afirma que se procurava refuncionalizar "o mundo da cultura", assim como o sistema educacional, conforme a Doutrina de Segurança Nacional e o projeto "modernizador" que a ditadura propunha para o país. Em 1968, especialmente a partir do Ato Institucional n. 5 (AI-5), a ditadura começa a agir de forma mais repressiva em toda a sociedade, inclusive no âmbito da cultura, porque esta se tornou um terreno de luta e resistência. Desta forma, o período mais rígido da ditadura (1969-1974) foi marcado pela repressão aos setores populares organizados e, como já sinalizamos, com a instauração do AI-5 inaugura-se o que Silva e Silva (2006) denomina de "cultura do medo", na qual a população temia intervir no espaço público. A política social era concebida como uma estratégia para "mascarar" as sequelas do desenvolvimento capitalista no país, marcado pela forte concentração de renda e pela superexploração da força de trabalho.

Diante dessa conjuntura, novas demandas são colocadas para a profissão, que já não consegue responder com a sua antiga formação e atuação, produzindo-se o que Netto (1996) denominou como a erosão do Serviço Social tradicional, abrindo espaço para a renovação do Serviço Social no Brasil. Ainda conforme Netto (1996), a laicização, a crescente diferenciação teórica, a instauração do pluralismo teórico foram alguns dos elementos que caracterizaram a renovação do Serviço Social sob a autocracia burguesa.

Netto (1996) destaca três vertentes que fizeram parte do processo de renovação do Serviço Social brasileiro: a Modernização Conservadora, a Reatualização do Conservadorismo e a Intenção de Ruptura.[11] Será a vertente de Intenção de Ruptura que, segundo Netto (1996), se confrontará com a autocracia burguesa tanto no plano teórico-cultural, pois os referenciais nos quais se amparava negavam as legitimações da autocracia, quanto no plano político, pois os objetivos que se propunha chocavam-se com o perfil do assistente social requisitado pela modernização conservadora, assim como as concepções de participação social e cidadania, e as suas projeções societárias batiam

---

11. Para aprofundar sobre a renovação no Serviço Social, ver Netto (1996).

contra a institucionalidade da ditadura. Essa vertente remeteu a profissão à consciência de sua inserção na sociedade de classes e levantou a necessidade de o Serviço Social se debruçar sobre a produção de um conhecimento crítico da realidade social.

Temos no final da década de 1970 e, sobretudo, a partir dos anos de 1980, o fruto do momento político que se estava vivenciando: o fim da ditadura militar, o auge dos movimentos sociais e a revitalização da sociedade civil, e a aproximação da profissão das concepções relacionadas à cultura popular e à cultura política.

Na passagem dos anos 1980 para os anos 1990 — período conhecido como Nova República — tivemos uma ampla participação e mobilização da sociedade. Este período também foi caracterizado por uma ampla participação da categoria profissional na esfera pública, participando ativamente no debate da Constituição de 1988. Esta vislumbrava conquistas e avanços como a ampliação e extensão dos direitos sociais, a universalização do acesso aos serviços sociais, a expansão da cobertura dos benefícios sociais, maior comprometimento do Estado e da sociedade no financiamento de todo sistema de proteção social brasileiro, entre outros.

Entretanto, é importante salientar que foi também neste período que tivemos a instauração do neoliberalismo no Brasil, que traz consigo a reestruturação produtiva, que impõe novas formas de organização do trabalho e a reforma administrativa no âmbito estatal. Este foi, portanto, um contexto adverso à concretização efetiva dos direitos sociais que, como já observamos, eram garantidos nesta mesma época na Constituição de 1988.

Não podemos deixar de ressaltar também que nesse período, conforme Yazbek (2000), o Serviço Social ganha "maturidade intelectual" e o projeto ético-político profissional, gestado no final da década de 1970, ganha hegemonia, com uma dimensão política muito clara em favor da equidade, da justiça social, na perspectiva da universalização do acesso aos bens e serviços sociais relativos aos programas e políticas sociais, à ampliação e consolidação da cidadania e também à garantia dos direitos civis, políticos e sociais das classes trabalhadoras.

De acordo com Braz (2008), o avanço deste projeto nos anos de 1980 se deu devido à construção de elementos que contribuíram para sua efetivação, dentre eles, o Código de Ética de 1986, considerado a primeira tentativa legal de inversão ético-política do Serviço Social brasileiro, amarrando seus compromissos aos das classes trabalhadoras.

Os anos 1990 representaram um momento de inflexão no Serviço Social, já que todo o avanço teórico-metodológico e político que vinha se construindo enfrentava a hegemonia das políticas neoliberais que colidiam diretamente com o projeto ético-político, pois aquelas agravam a desvalorização de princípios universais e emancipatórios que são baseados numa cultura política que busca a emancipação humana.

Isto se confronta com o projeto ético-político hegemônico da profissão, ocorrendo o que Ortiz (2007, p. 26) chama de "transformação dos princípios ético-políticos vigentes em abstrações vazias de sentido".

Na conjuntura de contrarreforma, de reestruturação produtiva, de uma retomada das "visões moralistas", corremos um sério risco de reatualizar dentro do Serviço Social concepções neoconservadoras de caráter individual e moralista.

De fato as demandas que o assistente social recebe têm cada vez mais um caráter individual e menos coletivo, portanto as ações mobilizadas para responder a estas demandas têm um caráter individual, podendo "transformar-se em coletivo" à medida que a intervenção profissional construa junto aos usuários novas estratégias e novas demandas, dependendo, claro, do posicionamento teórico-metodológico dos profissionais. Como já sinalizamos, não existe uma separação entre as ações que realizamos para objetivar o nosso exercício e a compreensão de profissão, pelo contrário, essas duas dimensões se articulam, complementando-se, e constroem uma concepção de profissão, uma cultura profissional.

No cotidiano profissional, em todos os tipos de intervenção, é requerido do assistente social uma direção social em suas ações baseadas em valores éticos.

É necessário que se desenvolva a consciência moral, que se aproprie da ética como reflexão crítica sobre a moral para se estabelecer quais as escolhas e ações táticas e estratégicas que nos permitem organizar ações e sujeitos históricos para intervir no processo de democratização da sociedade, visando a uma sociedade justa e equitativa, o que passa pela defesa da vida humana (Guerra, 2007, p. 27).

O posicionamento profissional frente aos desafios postos, em consonância com o projeto ético-político, significa reafirmar valores que se contrapõem aos valores capitalistas. Pelo fato de a profissão reconhecer a centralidade da luta de classes e reafirmar-se em favor da classe trabalhadora, torna-se claro que este profissional tem o compromisso ético com a construção de outra ordem societária, pautada em valores universais como a igualdade, a autonomia e a liberdade.

Nesse contexto, falar de liberdade e igualdade, defender direitos humanos, pode parecer uma abstração, pois a universalização da liberdade choca-se com as necessidades socieconômicas da (re)produção das relações sociais burguesas, donde os limites da cidadania burguesa que só poderá contemplar a igualdade enquanto norma jurídica. Perante a lei, todos são iguais, mas de fato, todos não podem ter cidadania econômica, porque isto fere o direito "natural" à propriedade privada, fundamento da sociedade capitalista (Barroco e Brites, 2000, p. 26).

Nesse sentido, vivenciar a consolidação deste projeto na situação adversa em que vivemos é extremamente desafiador. Ou seja, na atual conjuntura, diante do avanço da ofensiva neoliberal, tem-se o desafio da continuidade do processo de consolidação do projeto ético-político profissional compromissado com a construção de uma sociedade democrática, igualitária e que privilegia o apoio às classes sociais subalternas.

Com efeito, a efetivação deste projeto está diretamente ligada ao compromisso do profissional do Serviço Social de lutar ao lado da classe trabalhadora, analisando as condições objetivas e subjetivas da realidade, e a todo o momento exercendo seu perfil propositivo e crítico, e se contrapondo aos parâmetros neoconservadores.

Portanto, a defesa do projeto ético-político profissional faz-se totalmente necessária na contemporaneidade, sem, contudo, nos esquecermos de que sua efetividade requer mais do que a intenção de uma categoria profissional, mas a luta coletiva por uma nova ordem societária.

Ao considerar a atual conjuntura desfavorável ao projeto ético-político, não se pretende desacreditá-lo nem tampouco considerá-lo acabado, mas sim ter convicção de seus desafios e reconhecer a sua importância, e considerá-lo um processo em construção.

2. A dimensão da cultura e do projeto ético-político na intervenção profissional: a perspectiva das entrevistadas

Como já sinalizamos na introdução deste trabalho, parte das nossas reflexões partiu da pesquisa do grupo no qual formamos parte, já que, além do trabalho de campo, participamos de sua análise. Aqui apresentaremos tanto os dados da pesquisa maior referente aos onze assistentes sociais que trabalham nos CRAS,[12] assim como das sete entrevistas em profundidade que realizamos após a sistematização dos dados do grupo de pesquisa. Isto nos permitiu aprofundar aquelas questões que não tinham sido trabalhadas suficientemente nos questionários. Neste texto não nos deteremos sobre a caracterização dos entrevistados, mas sobre as concepções de profissão, a relação com o projeto ético-político, a concepção de cultura e cultura profissional. Com relação à concepção de profissão é importante destacar que é preciso, para o assistente social, construir uma compreensão aprofundada sobre o significado do Serviço Social enquanto

---

12. Lembrando que a pesquisa do grupo de pesquisa trabalhou com os dados de 37 assistentes sociais.

profissão na sociedade capitalista, levando em consideração o significado sócio-histórico e ideopolítico da profissão, tendo a questão social como base para a intervenção profissional.

No que diz respeito ao projeto ético-político, conforme Braz (2008), este deve estar intimamente ligado aos processos de luta, de defesa e ampliação dos direitos sociais, garantindo a universalização das políticas sociais e a democratização da gestão estatal, assim como exigir do profissional um perfil reflexivo, crítico, criativo, propositivo e conectado à realidade.

Ao se considerar a dimensão da cultura faz-se necessário entendê-la como essencial para a análise da profissão, na medida em que auxilia na compreensão da realidade e no conhecimento dos sujeitos com os quais o Serviço Social trabalha, além de ser esta uma ferramenta estratégica na construção de uma outra ordem societária, já que nos permite trabalhar com "o despertar da consciência".

3. Concepção de profissão

Quando perguntadas sobre o que é o Serviço Social, todas as entrevistadas ressaltaram que é uma profissão, sendo que 71,4% afirmam que o profissional é viabilizador do acesso a direitos; 14,2% afirmam que o assistente social é visto como mediador; e 14,2% acham que é uma profissão que possibilita o acesso às políticas públicas. Nos dados dos questionários da pesquisa quantitativa percebemos que a visão quanto ao Serviço Social também está vinculada à garantia dos direitos, segundo 36% das entrevistadas, em seguida aparecem as respostas que vinculam o assistente social como um mediador que dá acesso aos serviços, com 18%, e como um promotor da cidadania, com 18% das respostas.

Percebemos que a compreensão das profissionais sobre o Serviço Social se refere principalmente à orientação e garantia dos direitos e da cidadania, elementos que são fundamentais ao se pensar a profissão, porém que não devem ser vistos isoladamente, na medida em que não conseguem traduzir o caráter contraditório e complexo do seu significado na sociedade capitalista.

Guerra (2009, p. 4) argumenta que:

A compreensão do significado da profissão permite aos profissionais o redimensionamento dos espaços profissionais, das demandas e respostas, o que depende, essencialmente, mas não exclusivamente, da escolha de aportes teórico-metodológicos aliada à capacidade política de estabelecer estratégias socioprofissionais adequadas.

4. Relação com o projeto ético-político

Quando perguntadas sobre como entendem o projeto ético-político em entrevista qualitativa, 42,8% das entrevistadas — o que corresponde a três profissionais — responderam que é uma construção, uma luta, que deve partir dos profissionais e tem o significado de promover o cidadão e garantir o acesso aos direitos sociais coletivos; 28,5% responderam que é fundamental para pautar as ações no dia a dia; 14,2% (uma entrevistada) acha importante para a intervenção, enquanto 14,2% (uma entrevistada) diz vivenciar o projeto na intervenção.

Em relação a como o projeto se efetiva na prática profissional, quatro profissionais (57,1% das entrevistadas) responderam que ele se efetiva no dia a dia da profissão, já que o projeto norteia todas as suas ações profissionais, como é possível observar nas respostas de duas entrevistadas:

As coisas são muito no dia a dia e você não para pra pensar. Eu acho que é pensando coisas que a gente tem que ter na nossa atuação, e vem se materializar na questão do respeito à diversidade, no pluralismo de ideias, o respeito aos cidadãos e às diversidades (entrevistada B).

Eu acho que é o tempo inteiro que a gente tem que estar colocando em prática: no atendimento, numa visita domiciliar, no monitoramento. Eu acho que ele reflete ao longo da minha ação mesmo (entrevistada C).

A fala da entrevistada B nos dá também uma nova pista para entender que o trabalho cotidiano do assistente social se desenvolve como um "trabalho alienado", ou seja, os profissionais "não têm tempo para pensar a intervenção", devido ao caráter burocrático e rotineiro, mas, sobretudo, à quantidade e péssimas condições de trabalho em que os assistentes sociais encontram-se.

14,2% visualizam o projeto ético-político em todas as frentes de trabalho no CRAS, no sentido de envolver o usuário na perspectiva de transformação social, responsabilizando-o pela construção de uma nova história, mostrando que ele é sujeito dela, enquanto outros 14,2%, referentes também a uma entrevistada, respondeu que o projeto ético-político se efetiva na sua prática profissional quando sua atuação visa à garantia dos direitos.

Nas entrevistas em profundidade, ao serem perguntadas se atuam segundo uma perspectiva crítica, seis (85,2%) das sete entrevistadas responderam sim; uma (14,2%) não quis responder porque diz estar desatualizada. Das que responderam positivamente, 42,6% entendem que os profissionais têm que se respaldar no projeto ético-político, no Código de Ética e nas leis; 14,2% dizem se respaldar nas teorias que foram ensinadas na faculdade; 28,4% responderam que atuam segundo uma perspectiva crítica, porém não souberam responder em que se respaldam teoricamente.

Podemos perceber que as entrevistadas relacionam o projeto ético-político com a luta e a garantia dos direitos sociais, o que está em consonância com o projeto profissional hegemônico no Serviço Social. Percebemos também que os fundamentos do atual projeto profissional, que vem consolidando sua hegemonia desde a década de 1990 — e tem como valor ético central a liberdade, assim como a autonomia, a emancipação e a plena expansão dos indivíduos sociais — ainda não foram claramente apreendidos pelas assistentes sociais entrevistadas.

5. Cultura e cultura profissional

No que diz respeito às entrevistas em profundidade, quando perguntadas sobre o que entendem por cultura, todas as entrevistadas responderam que são os modos de vida, tudo que se adquire ao longo da vida, os valores, as crenças, as vivências do cotidiano. Isso evidencia que, de certa forma, as assistentes sociais reconhecem o significado da categoria cultura, enquanto visão de mundo, modo de vida, espaço dinâmico de construção de conhecimento e reflexão sobre a realidade e, segundo Bezerra (2006), no interior desta é que "se constrói a subjetividade".

Em relação ao entendimento da dimensão da cultura na intervenção profissional, 71% das entrevistadas se referem ao respeito pela cultura do outro, sempre levando em consideração as singularidades dos sujeitos com os quais trabalham, não colocando na intervenção seus valores e crenças pessoais.

Na pergunta sobre a existência de uma cultura profissional e em que esta se diferencia das outras profissões, 71,4% responderam que existe sim uma cultura profissional, e 28,5% acham que não existe uma cultura profissional no Serviço Social, sendo que a entrevistada A acredita que existe uma cultura profissional baseada na perspectiva de resgate da cidadania e dos direitos por parte dos excluídos; a entrevistada B ressalta que existe uma cultura profissional que é adquirida na graduação; a entrevistada C entende que existe e que essa foi mudando ao longo do tempo, antes era baseada no assistencialismo, na caridade, hoje já é uma cultura baseada no direito, desprovida de preconceitos, com uma visão abrangente que enxerga o indivíduo em seus diferentes contextos; a entrevistada D salienta que existe, sendo que se diferencia das outras profissões pelo fato de que estas, na maioria das vezes, são mais metódicas e teóricas, e o Serviço Social tem articulação entre a prática e a teoria; e a entrevistada E disse que existe sim, e essa se distingue porque os assistentes sociais têm um olhar diferenciado, na medida em que enxergam o outro na sua totalidade, como sujeito de sua história. Vale ressaltar que cada resposta corresponde a 14,2% (uma entrevistada) do universo de cinco profissionais que afirmaram existir uma cultura profissional que se diferencia das outras profissões. Podemos perceber que apenas uma profissional conseguiu relacionar a dimensão da cultura com a construção sócio-histórica do Serviço Social.

6. Exercício profissional

Aqui devemos considerar o tipo de vínculo que possuem as nossas entrevistadas, já que isso tem uma interferência direta sobre o exercício profissional. Nas entrevistas em profundidade, em relação ao tipo de vínculo empregatício que as profissionais possuem com as instituições nas quais trabalham, foi constatado que 42,8% possuem contrato temporário, 28,5% das entrevistadas são concursadas e 28,5% dizem possuir vínculo pela CLT com a AMAC. A atual situação dessa instituição (processos judiciais pelo fato de não ser considerada pública) faz com que os profissionais vinculados à política de Assistência Social municipal, incluindo os assistentes sociais que trabalham nos CRAS, fiquem inseguros em relação à estabilidade em seus empregos. Além de disso, o número de CRAS e CREAS[13] cada vez aumenta mais, porém não se criam condições favoráveis para a realização do trabalho neles.[14]

É importante destacar que essa situação não é específica da área da assistência social, mas se enquadra dentro do contexto de acumulação

---

13. Lembramos que não elencamos o CREAS como objeto de estudo, pois no momento de elaboração do questionário da pesquisa "Análise das condições sociais, econômicas, políticas e culturais e da intervenção profissional do assistente social na implementação do SUAS em Juiz de Fora e região" estes ainda não tinham sido criados.

14. Estamos redigindo este trabalho um mês depois de haver sido aprovada a Lei n. 12.317/2010, que estabelece 30 horas de trabalho semanal para os assistentes sociais, que está trazendo uma nova configuração ao exercício profissional, já que isto ainda não implicou a contratação de mais assistentes sociais, é o mesmo trabalho realizado em um tempo menor. Evidentemente teremos que aprofundar a nossa reflexão sobre esta nova realidade.

flexível do capital, que tem como base, segundo Netto e Braz (2008), a reestruturação produtiva.[15]

Em entrevista em profundidade, ao serem perguntadas sobre a autonomia que possuem em seu espaço de trabalho, 85,7% das entrevistadas responderam que têm uma autonomia relativa, pois consideram que existem limites institucionais, já 14,2% consideraram que têm uma boa autonomia devido ao bom relacionamento com sua coordenação e equipe. Na pesquisa quantitativa, esse dado se inverte quando observamos que 91% das entrevistadas consideram como bom seu nível de autonomia.

Quando questionadas, em entrevista em profundidade, sobre o que consideram necessário para se ter uma boa autonomia, as entrevistadas A e G (28,4%) responderam que a boa autonomia depende da liberdade de intervir profissionalmente segundo os preceitos ético-políticos, teórico-metodológicos.

> Para mim, autonomia é a gente ter liberdade para atuar de acordo com os nossos princípios éticos... ou seja, a equipe respeita meus parâmetros teóricos, metodológicos, éticos (entrevistada A).

Tais respostas se mostram compatíveis com o que é colocado pelo Código de Ética do Assistente Social, de 13 de março de 1993, Título II, no que se refere à autonomia no exercício profissional:

DOS DIREITOS E DAS RESPONSABILIDADES GERAIS DO ASSISTENTE SOCIAL: ampla autonomia no exercício da profissão, não

---

15. "A reestruturação produtiva se apoia na flexibilidade dos processos de trabalho, dos mercados de trabalho, dos produtos e dos padrões de consumo. Todas as transformações implementadas pelo capital tem como objetivo reverter a queda da taxa de lucro e criar condições renovadas para a exploração da força de trabalho. Compreende-se, pois, que o ônus de todas elas recaia fortemente sobre os trabalhadores — da redução salarial [...] à precarização do emprego. Aqui, aliás, reside um dos aspectos mais expressivos da ofensiva do capital contra o trabalho: a retórica do 'pleno emprego' dos 'anos dourados' foi substituída, no discurso dos defensores do capital, pela defesa de formas precárias de emprego (sem quaisquer garantias sociais) e do emprego em tempo parcial (também frequentemente sem garantias), que obriga o trabalhador a buscar o seu sustento, simultaneamente, em várias ocupações" (Netto e Braz, 2008, p. 218).

A DIMENSÃO TÉCNICO-OPERATIVA NO SERVIÇO SOCIAL

sendo obrigado a prestar serviços profissionais incompatíveis com as suas atribuições, cargos ou funções (CFESS, 1993, p. 4).

A entrevistada B (14,2%) respondeu que para se ter uma boa autonomia é preciso saber se colocar, ter conhecimento; para as entrevistadas C e F (28,4%), a boa autonomia está interligada ao bom relacionamento com a coordenação.

> Para se ter uma boa autonomia acho que é preciso ter uma relação boa com quem está acima de você... você conquistando a confiança consegue aos poucos aumentar um pouquinho a sua autonomia (entrevistada C).

Entretanto, as entrevistadas D e E relatam que é fundamental saber o que o Serviço Social faz, os limites e as possibilidades da profissão, o que equivale a 28,4% das profissionais.

Em relação à autonomia, Behring (2003, p. 13) ressalta que:

> No que se refere à autonomia do trabalho, as condições objetivas de estruturação do espaço institucional devem assegurar aos(às) profissionais o direito de realizar suas escolhas técnicas no circuito da decisão democrática, garantir a sua liberdade para pesquisar, planejar, executar e avaliar o processo de trabalho, permitir a realização de suas competências técnica e política nas dimensões do trabalho coletivo e individual e primar pelo respeito aos direitos, princípios e valores ético-políticos profissionais estabelecidos nas regulamentações profissionais.

No que diz respeito às principais demandas que chegam para o Serviço Social, 71,42% das profissionais ressaltam que cesta básica e Bolsa Família são as mais recorrentes. Entretanto, aparecem também entre as respostas a solicitação para documentação, encaminhamentos para programas socioeducativos e BPC (Benefício de Prestação Continuada).

Esses dados se confirmam também através da pesquisa quantitativa na qual repetem as categorias Bolsa Família e cesta básica como principais demandas: cesta básica[16], 30%; Bolsa Família, 27%; inclusão de adolescentes em programa socioeducativos, 13%; requerimento de documentação, 10%; qualificação de profissionais, 6%; entre outros.

Julgamos importante a necessidade de se identificar demandas que extrapolem as determinações institucionais. Nesse sentido Iamamoto (2009, p. 12) afirma que:

> Faz-se necessário que o assistente social ultrapasse as rotinas institucionais para buscar apreender, no movimento da realidade, as tendências e possibilidades ali presentes, passíveis de serem apontadas pelo profissional, desenvolvidas e transformadas em projetos de trabalho. [...] Exige uma análise crítica e teoricamente fundamentada do trabalho realizado na trama dos interesses sociais que o polarizam; da construção de estratégias coletivas, articuladas as forças sociais progressistas que permitam potencializar que reforcem os direitos nos diversos espaços sócio-ocupacionais em que atuamos.

Entendemos que o reconhecimento de que as demandas apresentadas pela população, as quais estão intimamente ligadas às condições de vida produzidas por um modo de produção baseado na relação capital *versus* trabalho, no qual o trabalho é explorado pelo capital, se faz necessário para que a ação profissional do assistente social não se restrinja ao caráter individualista, imediatista e emergencial. Entretanto, como foi respondido nas entrevistas em profundidade, 57,14% das entrevistadas relatam que respondem às demandas de forma predominantemente individual, explicitando a dificuldade em se trabalhar coletivamente, como podemos observar na fala da entrevistada F: *"Trabalhamos pouco coletivamente, porque a gente não dá conta de fazer mais. O resto é demanda espontânea, encaminhamentos, o atendimento individual mesmo".* As ações desenvolvidas não devem se pautar somente no atendimento a demandas individuais e emergenciais, pois isso pode levar a uma intervenção sem o processo de reflexão baseado nos princípios éticos e políticos contidos no projeto profissional.

---

16. Importante destacar que a lista de espera para a cesta básica chega a triplicar a quantidade de cestas básicas que são entregues.

A pesquisa quantitativa nos dá ainda mais elementos de análise dessa situação. Nesta, 82% das profissionais conhecem as organizações populares e movimentos sociais existentes na região em que intervêm, embora 64% reconheçam que os usuários da sua prática profissional não participam destes movimentos sociais. Mesmo diante deste quadro, 55% dos entrevistados não desenvolvem nenhuma intervenção voltada para a inserção dos usuários em organizações populares e movimentos sociais.

Desta forma, podemos reforçar, através da pesquisa quantitativa, que, ao contrário do que propõe os "Parâmetros para atuação de assistentes sociais na Política de Assistência Social", as entrevistadas parecem não "estimular a organização dos usuários", se contrapondo também aos princípios fundamentais contidos no Código de Ética profissional: "apoiar e/ou participar dos movimentos sociais e organizações populares vinculados à luta pela consolidação e ampliação da democracia e dos direitos de cidadania" (CFESS, 1993, p. 3).

Vale ressaltar que esta afirmativa está mediatizada por questões que se referem a novas formas de mobilização e participação popular dos usuários nos movimentos sociais. Entretanto, não temos elementos de comprovação desta afirmativa de forma absoluta, que só poderia ser comprovada caso fosse realizada nova pesquisa em profundidade abarcando esta questão.

No que se refere à pesquisa em profundidade, quando perguntadas sobre o conhecimento que possuem acerca da realidade da população atendida, apenas uma entrevistada diz conhecer pouco esta realidade — o que representa 14,28% do total de profissionais — devido ao pouco tempo de inserção no atual espaço sócio-ocupacional. Em contrapartida, 85,71% dizem conhecer a realidade dos usuários que atendem. Estas consideram a demanda por creche, cesta básica, emprego, habitação e Bolsa Família como as reais necessidades da população atendida.

Os dados da pesquisa quantitativa nos mostram que, segundo a maioria das profissionais, os sujeitos usuários dos serviços são aqueles que se encontram em situação de vulnerabilidade social, porém as entrevistadas não explicitam o que entendem por esta categoria. Seguinte a esta resposta, temos que 16% entendem que são famílias numerosas, 16% respondem que são famílias que têm pessoas privadas de liberdade nas cadeias e, em menor proporção, com 5% das respostas, aparece a questão da baixa escolaridade, sendo que o desemprego somente foi colocado por uma assistente social.

Notamos que o conhecimento que as profissionais possuem acerca da população atendida é superficial. Essa compreensão fragmentada da realidade, com o atendimento das demandas individuais, se contrapõe à direção assumida pelo projeto profissional hegemônico no Serviço Social que está vinculado ao processo de construção de uma nova ordem societária, sem dominação/exploração de classe, etnia e gênero.

Considerações finais

Neste estudo nos debruçamos sobre a análise acerca da categoria cultura e como esta é incorporada pelo Serviço Social, especificamente no âmbito da política de Assistência Social, e seus rebatimentos sobre o projeto ético-político e a intervenção profissional. A categoria cultura é considerada elemento constitutivo e fundante do Serviço Social, e entendemos que a cultura interfere diretamente no exercício profissional, permeando assim o cotidiano da intervenção dos assistentes sociais.

Após este primeiro momento, analisamos os dados dos questionários aplicados pelo núcleo de pesquisa "Serviço Social, movimentos sociais e políticas públicas" da Faculdade de Serviço Social, no desenvolvimento da pesquisa denominada "Análise das condições sociais, econômicas, políticas e culturais e da intervenção profissional do assistente social na implementação do SUAS em Juiz de Fora e região". É importante ressaltar que analisamos os questionários daqueles profissionais que trabalham nos CRAS e desconsideramos os questionários dos assistentes sociais que trabalham nas instituições conveniadas à AMAC.

Utilizamos também entrevistas qualitativas, uma vez que sentimos a necessidade de aprofundar algumas questões que não foram totalmente esclarecidas na análise dos questionários aplicados. Optamos pelas entrevistas em profundidade justamente para apreender as falas dos sujeitos no seu cotidiano. Entendemos que seja a linguagem um dos nossos instrumentos privilegiados, capaz de captar o movimento da realidade.

Consideramos que seja indispensável fazer uma análise das dimensões contraditórias do exercício profissional, inserido na realidade concreta. Conforme o método de Marx, partimos da realidade concreta para analisar as múltiplas determinações e voltamos para esta realidade de uma forma mais aproximada, com novas determinações, com um grau maior de complexidade, ultrapassando a aparência para conhecer a essência, lembrando que a realidade sempre será maior que a nossa capacidade de conhecimento. Como sabemos o espaço sócio-ocupacional na área da Assistência Social vem crescendo e, ao que tudo indica, continuará crescendo, devido à demanda por parte do Estado de um profissional que trabalhe em programas sociais, assim como pelo acirramento das expressões da questão social. À primeira vista pode parecer que exista um favorecimento para o "campo da assistência", mas se analisarmos aprofundadamente, veremos que temos um campo em expansão mas sem condições reais para essa expansão, quer dizer, temos um alargamento do campo da política de assistência social, mas sem as condições necessárias para o exercício profissional do assistente social. O orçamento destinado também não consegue atender às demandas mais emergenciais, aquelas que dizem respeito à mera sobrevivência das classes subalternas, como foi destacado neste trabalho. Ainda temos um cenário que não favorece a realização do exercício profissional do assistente social, assim como das equipes que com ele trabalham; temos um cenário de "contrarreforma do Estado", o que se traduz num ajuste do Estado com contratos de trabalhos temporários e flexibilizados, além das péssimas condições para a concretude do exercício profissional, como a falta de espaço físico para realizar os atendimentos, o que sem dúvidas traz problemas sérios ao respeito do sigilo profissional, falta de veículos para realizar as visitas domiciliares, entre outros. Não podemos desconsiderar na nossa análise que os CRAS possuem uma área de abrangência muito extensa, que chega a atender até 62 bairros, com equipes mínimas de profissionais, o que dificulta a realização de trabalhos com uma dimensão mais "coletiva".

Nessa trama complexa da realidade social na qual nos inserimos, salientamos a importância de compreender a dimensão da cultura na vida social; isto implica ter um olhar crítico sobre a mesma, para analisar os limites mas também as possibilidades. Somente poderemos ter uma intervenção crítica na realidade se sabemos quem são os sujeitos com os quais trabalhamos, quais são os seus modos de vida, quais as formas de reprodução, seus valores e suas experiências. Partindo de uma análise totalizante poderemos construir estratégias de intervenção coletivas que possibilitem a concretude de uma outra sociabilidade humana, que não seja a do capital, uma nova cultura embasada numa sociedade sem exploração.

Como destacaram as nossas entrevistadas, o projeto ético-político do Serviço Social tem uma direção clara que deve "nortear" o nosso exercício profissional, ele se objetiva nas nossas ações cotidianas, nos processos de luta de defesa e ampliação dos direitos sociais.

> [...] ultrapassamos a visão endógena da profissão, fizemos importantes esforços de apropriação teórico-metodológica das grandes matrizes do pensamento social na modernidade e da crítica pós-moderna, instaurando o debate plural e respeitoso entre diferentes perspectivas. Avançamos no enraizamento da profissão na história das transformações recentes do capitalismo mundial, sob a hegemonia do capital financeiro e suas mudanças nas esferas da produção de bens e serviços, da "reforma" do Estado e da mercantilização da sociabilidade e cultura. Enriquecemos a elucidação da gênese da "questão social" e suas múltiplas expressões na vida dos sujeitos de direitos e em suas lutas. Todavia, essas conquistas não foram ainda integralmente totalizadas em suas incidências no exercício profissional, pois falta fazer a "viagem de volta" para apreender o trabalho profissional nas suas múltiplas determinações e relações no cenário atual. É esta passagem que nos desafia: processar os avanços da análise da dinâmica societária em suas incidências na

A DIMENSÃO TÉCNICO-OPERATIVA NO SERVIÇO SOCIAL

elaboração teórica, histórica e metodológica dos fundamentos e processamento do trabalho profissional, retomando, com novas luzes, o Serviço Social como objeto de sua própria pesquisa (Iamamoto, 2004, p. 18).

Referências

ABREU, M. M. *Serviço Social e a organização da cultura:* perfis pedagógicos da prática profissional. São Paulo: Cortez, 2008.

ALENCAR, M. M. T. *Cultura e Serviço Social no Brasil (1960-1968).* 1994. 393 f. Tese (Doutorado) — Escola de Serviço Social, Universidade Federal do Rio de Janeiro, Rio de Janeiro.

BARROCO, M. L. S.; BRITES, C. M. A centralidade da ética na formação profissional. *Revista Temporalis/Associação Brasileira de Ensino e Pesquisa em Serviço Social,* Brasília: ABEPSS, n. 2, 2000.

BEHRING, E. R. *Notas sobre a organização política e sindical dos assistentes sociais.* Rio de Janeiro, 2003.

BEZERRA, C. S. *Globalização e cultura:* caminhos e descaminhos para o nacional-popular na era da globalização. 2006. 308 f. Tese (Doutorado) — Escola de Serviço Social, Universidade Federal do Rio de Janeiro, Rio de Janeiro.

BRAZ, M. Notas sobre o projeto ético-político do Serviço Social. *Revista Inscrita,* Brasília, CFESS, 2008.

CONSELHO FEDERAL DE SERVIÇO SOCIAL. *Código de Ética Profissional dos Assistentes Sociais.* Resolução CFESS n. 273, de 13 de março de 1993. Com as alterações introduzidas pelas Resoluções CFESS n. 290/94 e n. 293/94.

GUERRA, Y. O projeto profissional crítico: estratégia de enfrentamento das condições contemporâneas da prática profissional. *Revista Serviço Social & Sociedade,* São Paulo: Cortez, n. 91, 2007.

_____. A dimensão investigativa no exercício profissional. *CFESS. Serviço Social:* direitos sociais e competências profissionais. Brasília: CFESS/ABEPSS, 2009. p. 701-738.

GUTERRES, J. A. *A questão agrária brasileira e a atuação do MST para efetivação de direitos à luz do conceito de hegemonia em Gramsci.* 2008. Dissertação (Mestrado em Direito) — Programa de Pós-Graduação em Direito, Universidade Federal do Paraná, 2008.

HELLER, A. *Teoría de las necesidades en Marx.* Barcelona: Ediciones Península, 1978.

IAMAMOTO, M. V. Os caminhos da pesquisa em Serviço Social (Conferência). In: ENCONTRO NACIONAL DE PESQUISADORES EM SERVIÇO SOCIAL, 11., 2004, Porto Alegre. *Anais...* Porto Alegre, 2004.

_____. *Serviço Social em tempo de capital fetiche.* São Paulo: Cortez, 2009.

_____; CARVALHO, R. *Relações sociais e Serviço Social no Brasil.* São Paulo: Cortez, 1982.

MOLJO, C. B. Cultura política e Serviço Social. *Libertas*, Juiz de Fora: EdUFJF, v. 1, n. 2, 2007.

_____ et al. *Serviço Social e cultura*: aproximações ao debate contemporâneo. Relatório de Pesquisa. Programa de Pós-graduação em Serviço Social, Faculdade de Serviço Social, Universidade Federal de Juiz de Fora, 2008.

NETTO, J. P. *Ditadura e Serviço Social:* uma análise do Serviço Social no Brasil pós-64. São Paulo: Cortez, 1996.

_____; BRAZ, M. *Economia política*: uma introdução crítica. 2. ed. São Paulo: Cortez, 2008.

ORTIZ, F. G. Desafios contemporâneos para o Serviço Social: algumas considerações. *Libertas*, Juiz de Fora: EdUFJF, v. 2, n. 1, 2007.

SILVA E SILVA, M. O. *O Serviço Social e o popular:* resgate teórico-metodológico do projeto profissional de ruptura. São Paulo: Cortez, 2006.

VERDÈS-LEROUX, J. *Trabalhador social.* São Paulo: Cortez, 1986.

WILLIAMS, R. *Cultura.* São Paulo: Paz e Terra, 1992.

YAZBEK, M. C. Os fundamentos do Serviço Social na contemporaneidade. In: *Capacitação em Serviço Social e Política Social.* Brasília, ABEPSS/CFESS/CEAD, 2000. Módulo IV.

RACIONALIDADES E SERVIÇO SOCIAL:
o acervo técnico-instrumental em questão

YOLANDA GUERRA

Introdução

Neste artigo pretende-se refletir sobre as racionalidades subjacentes ao exercício profissional, acionadas na construção, na escolha, no aperfeiçoamento e na utilização do acervo técnico-instrumental necessário à passagem das finalidades aos resultados concretos.

Sabemos que, pela sua natureza interventiva, o Serviço Social tem se apropriado das ciências sociais como um todo e daí retirado e reformulado um conjunto de instrumentos e de técnicas necessário à concretização de suas ações. Porém, a este conjunto têm sido atribuídos os limites e as possibilidades do exercício profissional. Em outras palavras, temos superdimensionado o papel e o lugar do instrumental-técnico profissional. Com este procedimento, a meu ver, reedita-se uma tendência denominada *metodologismo*, que, criticada desde a década de 1970[1], se renova através dos anos. Ao mesmo tempo temos considerado o instrumental técnico-operativo como asséptico, neutro, como se sua direção fosse dada, exclusivamente, pela intencionalidade do profissional assistente social.

O objetivo a que nos propomos é uma aproximação à seguinte problematização: Qual a racionalidade acionada pelo assistente social no atendimento das requisições institucionais? Quais as consequências de conceber o instrumental técnico-operativo como abstraído de qualquer conteúdo concreto e objetividade?

Parto da hipótese de que, como parte do complexo cultural que compõe a profissão, composto pelos seus objetos, objetivos, princípios, valores, referenciais teóricos, racionalidades, a racionalidade formal-abstrata tem atravessado a trajetória sócio-histórica da profissão e sustentado uma determinada concepção de Serviço Social. Esta racionalidade tem sido responsável por várias tendências empobrecedoras da profissão tanto no que diz respeito à formação quanto à intervenção profissional.

Tratarei, portanto, de desenvolver os argumentos que me permitem sustentar esta hipótese e que serão expostos em três pontos: a racionalidade formal-abstrata e sua funcionalidade ao padrão de sociedade vigente; sua influência na cultura profissional do Serviço Social e suas expressões empobrecedoras; as possibilidades de reconhecer e enfrentar esta racionalidade na profissão.

1. Racionalidade formal-abstrata e Serviço Social

Trata-se do padrão de racionalidade hegemônico e funcional à ordem do capital, já que permite a sua reprodução tanto em termos

---

1. Alguns autores já fizeram a crítica a este recorrente "hábito" que faz parte dos modos de ser da profissão em termos universais: a requisição por modelos (teóricos e práticos, que vão desde os modelos teóricos e históricos até os de diagnóstico social). Sobre a crítica a eles realizada, ver Santos (1993) e Iamamoto (1992).

A DIMENSÃO TÉCNICO-OPERATIVA NO SERVIÇO SOCIAL

ideológicos quanto em termos prático-sociais e políticos. Por racionalidade formal-abstrata estou considerando uma modalidade, nível ou grau de alcance da razão. Essa forma de pensar e agir, conveniente ao modo de produção/reprodução capitalista, encontra na Sociologia Acadêmica os instrumentos, procedimentos e modelos de interpretação, investigação e intervenção na realidade social, já que esta disciplina se consolida sob uma base natural, e, por isso, pode atribuir aos fatos, fenômenos e processos sociais total objetividade e autonomia. Ao isolar os problemas da vida social, ao transladar a lógica das ciências naturais para os fatos sociais, ao operar com a fragmentação dos diversos aspectos da realidade social, ao considerar os fatos sociais como coisas, exteriores, superiores e anteriores, este tipo de racionalidade neutraliza qualquer possibilidade de os indivíduos organizarem e, sobretudo, modificarem a realidade.[2]

Pela forma particular pela qual se insere na divisão social e técnica do trabalho, sua condição de assalariamento, acrescida de uma modalidade específica de intervenção — uma intervenção cuja ênfase está na execução de políticas sociais (até mesmo quando se ocupa uma função de gestor), de caráter manipulatório, que exige uma mudança em algum nível da realidade social[3] —, a profissão torna-se vulnerável a este padrão de racionalidade que se baseia na forma, no fenômeno captado pela sua aparência, abstraído dos seus conteúdos concretos, convertendo-se em uma fôrma, modelo ou padronização de interpretar a realidade que designa um determinado modo de "fazer".

Em verdade, a inflexão realizada entre a profissão e o que Netto designou de protoformas — práticas caritativas, filantrópicas, assistencialistas — está, exatamente, na criação de um mercado de trabalho, um espaço sócio-ocupacional matrizado por necessidades

---

2. Os fundamentos teórico-metodológicos, culturais e políticos sobre a racionalidade formal-abstrata encontram-se em Guerra (1995).

3. Nível este que, em geral, acaba sendo o da mudança comportamental, através de técnicas que promovam a integração e o ajustamento dos usuários dos serviços e das políticas sociais.

históricas próprias da etapa monopolista do capitalismo,[4] necessidades que atribuem à profissão um significado social (que mais tarde será questionado por uma vanguarda da categoria), na perspectiva de manutenção e do controle da ordem social, para o que o profissional deve contar com o estabelecimento de relações jurídicas expressas num contrato de trabalho. Tal contrato serve de mediação entre o sujeito profissional e a instituição contratante e indica as condições sob as quais o trabalho vai se realizar, embora o profissional ainda disponha de seu conhecimento e de um conjunto de instrumentos e modos de fazer resultado da sua formação, trajetória, experiências etc.

Tais relações, devidamente regulamentadas, se enquadram nas alternativas de enfrentamento pelo Estado da chamada "questão social", e dentre estas modalidades, para além da repressão e criminalização, localizam-se as políticas sociais. A natureza, o formato, o conteúdo das políticas sociais setoriais, como via de atendimento do Estado burguês das sequelas deixadas pela questão social, parametrizam "novas" formas de intervenção profissional que se combinam àquelas incorporadas desde as protoformas. O que caracteriza a constituição da profissão é o conjunto de demandas interventivas para atuar no controle social e na promoção de respostas integradoras próprias das instituições nas quais ela se insere, pela via de um instrumento que torna legal esta relação: o contrato de trabalho. Assim, explica Netto (1992, p. 68, grifos nossos),

> O caminho da profissionalização do Serviço Social é, na verdade, o processo pelo qual seus agentes [...] se inserem em atividades interventivas cuja dinâmica, organização, recursos e objetivos *são determinados para além do seu controle* [...] passam a desempenhar papéis que lhes são alocados por organismos e instâncias alheios às matrizes originais das suas protoformas.

---

4. Segundo Netto (1992, p. 69), "[...] na emergência profissional do Serviço Social, não é este que se constitui para criar um dado espaço na rede sócio-ocupacional (*sic*), mas é a existência deste espaço que leva à constituição profissional".

A DIMENSÃO TÉCNICO-OPERATIVA NO SERVIÇO SOCIAL

Estes espaços, bem como as respostas neles produzidas, estão imantados pela racionalidade formal-abstrata. Esta, apesar de não ser a única, pode ser considerada a racionalidade hegemônica do capitalismo.[5] Esta racionalidade porta uma tendência antiontológica, já que pelo seu agnosticismo questiona a possibilidade de que o conhecimento acesse a "coisa em si". Ela tem nas teorias positivistas as premissas e os argumentos para sua justificação, sendo responsável tanto pela apreensão da realidade como "pseudoconcreticidade", pelo enrijecimento da análise na forma, na aparência da realidade, quanto por designar uma pauta de procedimentos modelares. Assim, por tal racionalidade não nos é permitido perceber e criticar as determinações da sociedade burguesa que colocam a necessidade de instituir para a profissão um espaço na divisão social e técnica do trabalho, atribuindo-lhe uma instrumentalidade como tecnologia de controle social a serviço da lógica capitalista e do desenvolvimento da sociedade burguesa,[6] o que lhe garante vínculos estreitos com o projeto reformista burguês. Ao ser capturada, agora quase totalmente, pela racionalidade formal-abstrata, como resultado do processo de modernização conservadora, a profissão é concebida como uma técnica social (que, no máximo, pode ser considerada uma *ciência social aplicada)*, e o assistente social é convertido em "funcionário do desenvolvimento social" (Netto, 1991).

No primeiro caso, através de uma concepção de profissão como técnica ou tecnologia de controle social, de resolução de problemas, de mudança comportamental "[...] tomada como manipulação intelectivamente ordenada, decorre a 'aplicação' da metodologia como *modus faciendi* da ação" (Netto, 1991, p. 190).

---

5. Por racionalidade do capitalismo estamos entendendo a racionalidade predominante que está subjacente às formas de ser, pensar e agir na ordem social capitalista e que baliza a sociabilidade burguesa. Ela possui duas características fundamentais: o formalismo e a abstração. Ela é a lógica necessária à manutenção da ordem social.

6. Trata-se da adoção do modelo de desenvolvimento integral, através do qual determinam-se as funções do Serviço Social em nível de macro e de micro atuações.

No segundo caso, ao analisar as funções do assistente social, segundo o documento de Teresópolis, diz Netto (1991, p. 192, grifos nossos):

> ao situá-lo como um "funcionário do desenvolvimento" [...], propõe[se] tanto uma redução quanto uma verticalização do seu saber e do seu fazer. A redução está ligada à própria condição "funcionária" do profissional: as *tradicionais indagações valorativas são deslocadas pelo privilégio da eficácia manipulativa*,[7] e o assistente social é investido de um estatuto básico e extensamente executivo (tal como aparece nas modernas teorias da gestão), mas longe de atribuições terminais e sem subalternidade. A verticalização compreende precisamente a apropriação ideal de um elenco mais operativo de técnicas de intervenção, com a consequente valorização da ação prático-imediata.

É exatamente no processo de modernização da sociedade burguesa e para responder às exigências de um capitalismo em ascensão, em meio às múltiplas contradições vindas de determinações das antigas estruturas (entenda-se das instituições religiosas, caritativas e assistenciais), que ela passa a requerer dos assistentes sociais uma postura moderna, e aqui modernidade se confunde com processo de racionalização e desenvolvimento capitalista, com a extensão da sua lógica a todas as relações sociais e profissionais.[8] Neste período, como mostra Netto (1991, p. 123):

> ainda que o conteúdo geral das práticas profissionais não tenha sido deslocado da execução terminal de políticas sociais setoriais, o enquadramento de assistentes sociais em estruturas organizacionais mais

---

7. Aqui, cancela-se o âmbito da vontade do profissional, ignora-se a sua capacidade teleológica de projetar objetivos, e o que dele se espera é que suas ações resultem em eficácia e eficiência.

8. Peço que notem como este procedimento é recorrente na profissão: frequentemente somos chamadas a responder com eficácia na resolução das mais diversas situações, em detrimento do conteúdo das respostas, mas observo que neste período, como nos garante a pesquisa de Netto, havia uma resistência a qualquer traço de subalternidade.

complexas [...] no marco da burocratização alterou em escala significativa o relacionamento dos profissionais com as instâncias hierárquicas a que se prendiam, com as fontes dos seus recursos, com outros profissionais com quem concorriam, com os seus utentes (clientela).

Com isso, a racionalidade formal-abstrata resultante deste processo de modernização conservadora, instaurando-se nos espaços institucionais do exercício profissional, passa a requisitar do assistente social uma postura de comprometimento às estruturas burocrático-administrativas (Netto, 1991).

Aí, o estatuto de legitimidade profissional encontra-se na sua (suposta) cientificidade e capacidade de manipulação de um instrumental que lhe permita fornecer, prontamente, respostas que supostamente não contenham um conteúdo político, mas que possuam eficácia e eficiência às demandas predeterminadas, conduta que lhe molda e lhe requisita um perfil *sociotécnico*.

Para responder a este perfil, a requisição que o profissional faz às teorias é a de que elas orientem, no âmbito imediato, a intervenção profissional, que permitam atender às demandas, que sejam capazes de promover uma perfeita adequação entre meios e fins. Nele, as finalidades da profissão e seus valores são manifestos secundariamente em face dos procedimentos técnico-instrumentais, nos quais reside seu critério de legitimidade social, o que só pode estar sustentado numa razão instrumental e na visão de Serviço Social como técnica social de controle. Tal perfil tanto suporta quanto requisita a incorporação acrítica do positivismo como modo de explicar a realidade e do pragmatismo como programática de ação profissional[9] e de técnicas de ajustamento e integração comportamental. O pragmatismo, cujo critério de verdade está na utilidade que um enunciado porta para responder aos dilemas da vida, se torna a ideologia da burguesia que o difunde como senso comum (Guerra, 2013). Assim, a apropriação

---

9. Perceba-se que não falo em exercício profissional, mas em ação.

das teorias conforme o gosto e a ocasião, a compulsão pela busca de modelos, a atração pelos resultados imediatos, a supressão das mediações sócio-históricas e das intencionalidades que se confrontam no exercício profissional são procedimentos engendrados por determinados modos de pensar e agir, e, portanto, por racionalidades. Diz Lukács, 1992, p. 155, "o formalismo, o subjetivismo, o agnosticismo da sociologia fazem com que ela, tal como a filosofia da época, não consiga mais que esboçar determinados tipos, construir tipologias e nelas introduzir fenômenos históricos".

Aqui, o assistente social tem que, necessariamente, manipular um repertório que lhe permita operacionalizar as suas ações, o qual, quanto mais supostamente isento de determinações valorativas e de conteúdos concretos, mais se torna apto a responder às demandas da organização burocrático-formal que exige impessoalidade, objetividade e neutralidade. Na operacionalização da técnica, tanto a racionalidade formal-abstrata quanto a razão subjetivista e instrumental são adequadas.

Pelo exposto, podemos considerar no perfil de profissional instrumental a ordem do capital, a prevalência de duas racionalidades que se complementam. A primeira, a razão formal-abstrata, resultado do processo e do projeto de modernização conservadora, que opera também uma mudança nas bases da profissão, coloca-lhe novas exigências, novas funções e novo perfil, próprios das estruturas nas quais a profissão passa a ser chamada a se inserir. O segundo nível de resposta requisitado à profissão, tendo em vista as demandas provenientes do capital e do trabalho, são ações de caráter manipulatório que modifiquem as variáveis do contexto imediato, seja nos aspectos psicossociais, políticos, econômicos etc. A razão formal-abstrata e a razão instrumental, porque não se apropriam dos conteúdos dos fundamentos e se dizem abstraídas de valores ético-políticos, servem a qualquer interesse. Pelo seu caráter complementar, elas se articulam dando às respostas profissionais um caráter reformista-integrador.

A DIMENSÃO TÉCNICO-OPERATIVA NO SERVIÇO SOCIAL

2. A racionalidade técnica e racionalidade da técnica

Nas ciências sociais os termos "racionalidade" e "racionalização" parecem se restringir ao modo de ser tipicamente capitalista. Tais conceitos expressam relações econômico-sociais e jurídicas. O primeiro, a racionalidade como a forma pela qual tais relações se dão: através do cálculo racional, troca entre equivalentes, isonomia. O segundo, como direção do processo histórico que leva à expansão do cálculo racional, universalizando-o a toda a sociedade burguesa. Uma e outra aparecem claramente em um pensador clássico como Max Weber, para quem a racionalidade burguesa é única e exclusiva (e não uma forma de pensamento dominante). É com esta visão que Weber interpreta os progressos técnico-científicos das sociedades envolvidas com a modernização e o padrão de ação instrumental,[10] subjacente ao agir-racional-com-respeito-a-fins. Tal é o comportamento mais adequado e incentivado por este sistema social, pelas razões que veremos a seguir.

Nesta perspectiva, o agir-racional-com-respeito-a-fins é um tipo de planificação (planejamento da ação) que obedece a um padrão de ação instrumental que se presta à organização dos meios e à escolha de alternativas. Aqui, a escolha correta de estratégias, para alcançar fins propostos, não remete à natureza dos fins nem às implicações ético-políticas daí derivadas. Este tipo de racionalidade é próprio e funcional à ordem do capital. Mas não é daí que ela nasce. A racionalidade instrumental-operatória tem sua gênese na necessidade de domínio e controle sobre a dos homens sobre a natureza para garantir sua sobrevivência.

---

10. As ações instrumentais são ações pragmáticas, imediatistas, que visam a eficácia e eficiência a despeito dos valores e princípios. Nestas ações, muitas vezes, impera a repetição, o espontaneísmo, considerando a necessidade de responder imediatamente às situações existentes. São ações isentas de conteúdo valorativo, nas quais a preocupação restringe-se à eficácia dos fins. Estes subsumem a preocupação com a correção dos meios (valores e princípios ético-políticos e civilizatórios). São ações necessárias para responder a um nível da realidade (o do cotidiano), mas são insuficientes para responder às complexas demandas do exercício profissional.

Herbert Marcuse (1978) é um dos teóricos da atualidade que mais contribui com a discussão sobre a racionalidade das técnicas, tendo em vista seus estudos sobre a racionalidade da modernidade e a ideologia que lhe é conexa. No diálogo crítico que estabelece com Max Weber, o teórico da racionalização da sociedade capitalista,[11] vai construindo seus argumentos de que o processo de racionalização é orientado por uma "dominação política oculta" (Habermas, 1975, p. 46).

Diz ele que o processo de racionalização não dissemina uma racionalidade como um todo, mas uma determinada forma de racionalidade direcionada ao controle e à dominação política. Assim, Marcuse considera o agir-racional-com-respeito-a-fins como o exercício do controle. No capitalismo, a *expansão desta racionalidade é a expansão da razão técnica* — que tem um conteúdo político, de modo que esse tipo de racionalidade é extensivo a tudo que pode ser manipulado tecnicamente (Habermas, 1975, p. 46-47).

Para efeito desta análise, o grande mérito de Marcuse é o de demonstrar que a racionalidade da técnica não é extrínseca a ela. Não cabe, portanto, apenas à vontade dos sujeitos ou a capacidade de atribuir à técnica determinado conteúdo, mas a técnica porta um projeto histórico-social e incorpora determinados interesses, de modo que é constituída de uma racionalidade objetiva, portadora de propriedades, as quais tanto a capacitam como a limitam para determinadas finalidades humanas. Afirma que o domínio do homem sobre a natureza não efetivou a emancipação humana, mas houve a expansão da instrumentalidade que caracteriza a relação homem-natureza estabelecida pela mediação do trabalho, estendendo-se às relações entre os homens.

O que caracteriza o processo de hominização é exatamente a capacidade de conhecer a natureza e de colocá-la a serviço do atendimento

---

11. Cabe destacar que Weber via com muito pesar e pessimismo o que considerava como a irreversibilidade do processo de racionalização da sociedade, identificando-o com o desenvolvimento da industrialização e o avanço sem limites do capitalismo, em que prevalece o direito burguês e a dominação burocrática. Weber é o autor que mais investiu em conhecer as ações dos sujeitos sociais, o que resultou em tipologias de ações, dentre as quais a ação racional com respeito a fins, criticada por Marcuse.

A DIMENSÃO TÉCNICO-OPERATIVA NO SERVIÇO SOCIAL

das necessidades humanas. No processo civilizatório, tal dominação representa, ao mesmo tempo, a humanização da natureza e a possibilidade de os homens realizarem o seu projeto.

No processo de trabalho, enquanto vontade orientada para a realização dos fins, processo de produção e reprodução da vida material e espiritual, o homem tem que dominar a natureza para alcançar seus objetivos, e ao fazê-lo humaniza a natureza e humaniza a si mesmo. Esta relação resulta na emancipação do homem na medida em que coloca a natureza a serviço de seus interesses. Quando este tipo de racionalidade (manipulatória, controlista e instrumental) estende-se para a relação dos homens entre si e funda uma determinada forma histórica de relação entre os homens, na qual a instrumentalidade que comparece na relação homem-natureza é convertida na forma de sociabilidade dos homens entre si, a razão instrumental[12] se estende e passa a ser a mediação entre os homens, na sua totalidade. Por ser funcional à conservação da ordem burguesa, a razão instrumental converte-se na única forma possível de relacionamento entre os homens. A razão instrumental é subjetivista e formalista. É a razão subjetiva que se interpõe no confronto entre a adequação de meios e fins e a adequação aos modos de alcançar os fins, sem que, com isso, questione-se, axiologicamente, sobre as implicações ético-políticas dos objetivos, já que ela pressupõe que os fins, enquanto obra e construção dos homens, são sempre e necessariamente racionais, no sentido de que servem à automanutenção da sociedade, entendida como a soma dos indivíduos (Horkheimer, 1973, p. 16). É também uma racionalidade subordinada e funcional: subordinada ao alcance dos fins particulares, dos resultados imediatos, e funcional às estruturas.

Num determinado estágio do desenvolvimento capitalista a racionalidade "tende a perder seu caráter explorador e opressor e tornar-se racional" (Habermas, 1975, p. 47), ou seja, tende a ser padrão

---

12. A razão instrumental é uma dimensão da razão dialética (substantiva e emancipatória), e como tal, limitada a operações formal-abstratas e a práticas manipuladoras e instrumentais, fragmentadas, descontextualizadas e segmentadas; por isso, ela é funcional à reprodução social da ordem burguesa.

dominante desta sociedade. A racionalidade técnica serve à dominação do capital. Ela é eminentemente manipulatória. A passagem da intenção aos resultados requer condições cuja adaptação ou criação dependem do agir instrumental, o qual não se pergunta pela correção dos meios nem pela legitimidade dos fins.

Diz Marcuse (apud Habermas, 1975, p. 49):

> a dominação eterniza-se e amplia-se não só mediante a tecnologia, mas como tecnologia; e esta proporciona a grande legitimação ao poder político expansivo, que assume em si todas as esferas da cultura. Neste universo, a tecnologia proporciona igualmente a grande racionalização da falta de liberdade do homem e demonstra a impossibilidade "técnica" de ser autônomo, de determinar pessoalmente a sua vida.

Na sociedade burguesa, a racionalidade técnico-científica e a manipulação estão contidas nas formas de controle social.

Quais as implicações desta racionalidade para o Serviço Social?

Aqui vou tratar esta questão em três pontos. No primeiro, temos a racionalidade técnica, que via de regra captura o assistente social tanto pelas demandas e requisições socioprofissionais quanto pela lógica das instituições burocráticas, do controle espaço-temporal, através de sistemas informacionais, formas apriorísticas de registros, do caráter modelar das políticas sociais, da padronização das respostas induzidas e emitidas. No segundo, a racionalidade das técnicas utilizadas pelo profissional é, muitas vezes, concebida como que abstraída de qualquer objetividade ou lógica, estando supostamente à mercê da direção social dada unicamente pela intencionalidade do assistente social. Também me interessa, como terceiro ponto, problematizar a racionalidade que se internaliza na própria profissão ao ser concebida como aplicação de conhecimentos, técnica ou tecnologia social.

Assim, seria ingênuo pensar que os sistemas informacionais, os procedimentos técnicos aprioristicamente exigidos pelas políticas sociais, os procedimentos formais, instrumentos e técnicas, formulários,

A DIMENSÃO TÉCNICO-OPERATIVA NO SERVIÇO SOCIAL

questionários, sistemas, cadastros e diversas formas de registro orientados pelas políticas sociais encontram-se em estado puro, que sejam isentos de racionalidade, simples meio abstraído de objetividade e de uma lógica. Estes são sistemas criados pelos homens e já têm em si uma determinada racionalidade dada pela intencionalidade em atender a determinadas finalidades/interesses para os quais foram criados.

O que estou querendo dizer é que o instrumental técnico-operativo do assistente social contém determinadas propriedades objetivas que lhes permitem ser mais ou menos adequadas a fins que são sempre humanos. Por não serem neutras, tampouco sua utilização encontra-se previamente determinada. Aliás, nem uma coisa nem outra. Aqui impera a relação dialética entre a objetividade do instrumental e a subjetividade do sujeito que o orienta. As técnicas utilizadas pelo assistente social resultam de sua escolha racional na qual a reflexão pondera sobre sua adequação, ou não, aos fins visados. Tal adequação tanto leva em conta as propriedades da técnica e sua capacidade para atender aos objetivos estabelecidos quanto tem que pôr em conta as legitimidades dos fins e dos meios, que são estabelecidos pela subjetividade do profissional. É o pensamento formal-abstrato que abstrai do acervo técnico-instrumental sua natureza, suas propriedades constitutivas, a teleologia dada pela intencionalidade dos homens e mulheres que o criaram e o incorporam como se tratasse de mera padronização isenta de intencionalidade política. Ao mesmo tempo, é a razão instrumental que os adota, apenas, tendo em vista seus fins prático-operativos, sem reconhecer seus conteúdos éticos e políticos.

Não me parece aleatória a orientação das políticas sociais, em especial na atualidade, por um tipo determinado de instrumental que porta a capacidade de exercer certo controle sobre os sujeitos a quem se destinam nossos serviços, bem como da averiguação da veracidade das informações que prestaram, tais como visita domiciliar, depoimento sem dano, mediação de conflitos, medidas socioeducativas, acompanhamento das condicionalidades etc. É evidente que ele carrega uma racionalidade posta por quem o criou. De tal maneira, o pensamento formal-abstrato considera os objetos apenas em termos de sua utilidade, trata suas potencialidades como resultado da manipulação técnica.

A sociedade capitalista, como sociedade administrável e quantificável, expande e hipertrofia esta lógica para todas as relações sociais. Tudo se passa como se a matemática fosse a medida do mundo e o mundo se reduzisse a uma inteira linguagem matemática. É que, como decorrência do pensamento formal-abstrato, todas as propriedades dos objetos se subsumem à sua quantidade. Não é casual que o critério seja o ter e não o ser, que a exigência pelas metas de produtividade superem a preocupação com a qualidade e o compromisso com um projeto e com a práxis social.

A exacerbada e única preocupação com as metas de produtividade, com as estatísticas, com o quantificável, tanto se pauta em uma determinada racionalidade pobre e empobrecedora do exercício profissional quanto é resultado dela. Assim:

> O que aparece como triunfo da racionalidade objectiva, a submissão de todo ente ao formalismo lógico, tem por preço a subordinação obediente da razão ao imediatamente dado. Compreender o dado enquanto tal, descobrir nos dados não apenas suas relações espácio-temporais abstractas (sic), com as quais se possa então agarrá-las, mas ao contrário pensá-las como a superfície, como aspectos mediatizados do conceito, que só se realizam no desdobramento de seu sentido social, histórico, humano — toda a pretensão do conhecimento é abandonada. Ela não consiste no mero perceber, classificar e calcular, mas precisamente na negação determinante de cada dado imediato. Ora, ao invés disso, o formalismo matemático, cujo instrumento é o número, a figura mais abstracta do imediato, mantém o pensamento firmemente preso à mera imediatidade. O factual tem a última palavra, o conhecimento restringe-se à sua repetição, o pensamento transforma-se na mera tautologia (Adorno e Horkheimer, 1969, p. 15).

Essa racionalidade, ao ser impregnada nos espaços sócio-ocupacionais, determina a lógica da quantificação e da instrumentação. A partir daí, a requisição é por um conhecimento que dê conta das experiências imediatas, capaz de se universalizar e servir a vários interesses. A impressão é a de que valores, princípios, intencionalidades são alheios à quantidade e à utilização dos instrumentos e técnicas.

Assim, a meu ver, a grande contribuição da elaboração de Marcuse para este tema está no fato de que ela denuncia que a racionalidade técnico-científica não é nem pode ser uma racionalidade neutra, que os instrumentos de trabalho e a técnica não se restringem a simples meios, abstraídos de fins e de valores. Ao contrário, ela é construída a partir de referências teóricas e políticas e está orientada para determinados fins que são portadores de interesses de classe, ainda que subliminarmente. Deste modo, a característica da forma de dominação própria da ordem burguesa é que ela é racional, abstrata, formal, razão pela qual adquire hegemonia.

No entanto, a substituição dos critérios éticos pelos de eficácia conduz à eliminação da distinção entre meios e fins. Estes, abstraídos dos seus conteúdos concretos, são remetidos à consecução do que lhes indicam os meios. Não é apenas a dominação dos meios sobre as finalidades que aqui se coloca. Estando os fins direcionados pela capacidade dos meios, o que se segue é que o profissional torna-se refém de um absoluto possibilismo: ao se submeter às respostas imediatas, não é o potencial dos fins, mas a capacidade formal dos meios (técnicas e instrumentos) que determina os limites da intervenção dos profissionais, de modo que se abstraem os conteúdos éticos e políticos das finalidades da intervenção.

Por último, mas de igual importância, chamo a atenção para o fato de que a natureza interventiva e a particularidade operatória do Serviço Social, dada pela sua inserção na divisão do trabalho, facilitam a incorporação por parte do assistente social da racionalidade que leva a uma ação manipulatória. Também este pensamento é responsável por atribuir os limites histórico-concretos de realização dos objetivos profissionais à ausência ou incapacidade do instrumental técnico-operativo. A profissão, quando concebida como uma técnica social direcionada à solução de problemas, competência e compromisso profissionais tornam-se variáveis da sua eficácia e eficiência em promover a resolutividade das situações, as quais adquirem uma aparente neutralidade. Disto decorre a busca por conhecimentos imediatamente instrumentalizáveis. A evidente separação entre teoria e valores, baseada numa fragmentação positivista, abstrai os conteúdos críticos da razão e a torna um órgão reprodutor da ordem social.

A razão, regida pela necessidade do imediato, é alimentada pela experiência que, por sua vez, dá à razão seu conteúdo. O que interessa agora não é como se concebe a realidade, mas o que se faz diante dos fatos.

É exemplar a citação de Dewey (apud Horkheimer, 1973, p. 59):[13]

> o saber é literalmente algo que fazemos; [...] a análise é em última instância algo físico e ativo; [...] os significados são, conforme a sua qualidade lógica, pontos de vista, atitudes e métodos de comportamento frente a fatos [...].

Conforme observara Horkheimer (1973, p. 52), o núcleo da filosofia pragmatista, os conceitos e/ou as teorias devem estar vocacionados para a ação, donde a verdade se torna uma variável da eficácia e eficiência da ideia. No pragmatismo, o pensamento surge e se desenvolve, apenas, em função e em relação à ação dos homens no sentido de responderem ao seu ambiente; e eles respondem de maneira mais ou menos adequada, mais ou menos racional, a depender do seu grau de adaptação ao ambiente. Disso pode-se derivar que ao pensamento cabe possibilitar que essa adaptação se realize; e, portanto, o pensamento acaba se convertendo em meio para o alcance da ação racionalmente adequada dos homens e, só assim, adquire importância. É desnecessário dizer que o nível de respostas sancionadas é aquele que permite a integração (direta, imediata e acrítica) dos

---

13. John Dewey, um dos principais responsáveis por converter um traço do comportamento humano, que se expressa no cotidiano, em uma filosofia, qual seja, no pragmatismo, cuja influência se faz presente no Serviço Social desde sua gênese até a contemporaneidade, está preocupado com a ação, a qual, para ele, se torna o fundamento da verdade. Para uma análise preliminar da influência do pragmatismo no Serviço Social, ver Guerra (2013).

homens à vida social. A prioridade passa a ser a ação, de modo que o pensamento aparece como resposta aos estímulos.

O esquema de Dewey é o seguinte: o processo de socialização dos indivíduos passa pelos condutos do hábito, da intuição e do intelecto. Quando hábito e impulso entram em conflito, a decisão se realiza pela inteligência (intelecto). A razão, reduzida aos procedimentos da inteligência, deixa de ser algo em si para se diluir entre os elementos possibilitadores da ação. O pensamento identificado com razão passa a ser uma variável da ação, a ponto de se transformar em meio para a ação. Assim, a razão perde a sua autonomia frente às situações imediatas, a sua condição de engendrar a reflexão e de negar o existente, a sua dimensão emancipatória. O resultado é que, ao mesmo tempo que se naturaliza o pensamento, ele é identificado aos procedimentos instrumentais e equalizado à teoria. A validação de uma ideia depende da concretização dos seus resultados, seu critério de verdade é a sua eficácia, que decorre da experimentação e da observação. Requisita-se o saber prático, com base no conhecimento empírico que equivale ao "saber fazer".

Por isso é que no campo da teoria do conhecimento, o empirismo, que reduz o conhecimento aos dados da experiência sensível, se identifica com o pragmatismo.

No agir-racional-com-respeito-a-fins, expressão mais completa do comportamento adaptativo, enquanto condição para a ampliação e valorização do capital, os valores sociais (meios) são subsumidos aos fins da produtividade, e convertem-se em meios para o alcance daqueles fins do capital.

O Serviço Social, pela natureza da demanda profissional, pelo espaço que lhe reserva a divisão do trabalho na elaboração, implementação, execução e avaliação das políticas sociais junto aos órgãos da administração pública direta ou indireta (cf. Lei n. 8.662/93), é concebido como *profissão que faz*. Em geral, na definição de profissão estão incorporadas suas funções sociais, seu fazer. Neste âmbito, há uma clara incorporação da noção de Serviço Social como meio de solucionar problemas imediatos no sentido de administrar conflitos, adaptar indivíduos ao ambiente e construir a sociabilidade funcional ao capital. Para tanto, a razão instrumental é suficiente.

Contudo, para ir além da mera reprodução, para alcançar objetivos emancipatórios e potencializar forças na construção de uma nova sociabilidade, há que se investir numa razão de "novo" tipo.

3. A modo de síntese: Serviço Social e razão emancipatória

Nestas reflexões apresentamos hipóteses e argumentos que expõem a importância do debate acerca das racionalidades, e no caso específico deste artigo, aquelas contidas nas escolhas e no instrumental técnico-operativo utilizado pelos sujeitos sociais. Buscamos tratá-los na sua relação dialética de autoimplicação: sujeito e instrumento se influenciam mutuamente, ao tempo em que se modificam e se direcionam para o alcance de objetivos. Não obstante a esta influência recíproca, também nela não há qualquer equilíbrio, cada um (sujeito e instrumento) detém propriedades específicas e cumpre um papel, à sua maneira, no interior do projeto, ainda que ambos estejam vocacionados ao atendimento de objetivos comuns.

Isso porque não se trata mais de pensarmos nos instrumentos retirados da natureza, simples matérias que serão formatadas pelos sujeitos sociais para que estes adquiram a forma dos seus projetos. Os instrumentos e técnicas de que tratamos resultam da ação humana e de projetos histórico-sociais. Contemplam racionalidades que são dadas pelos sujeitos sociais segundo os interesses das classes e segmentos das classes sociais.

Vimos que a profissão, pelas razões apontadas, corre o risco de se tornar mera Tecnologia Social, já que, em muitos casos, ela é considerada como um conjunto de técnicas para solucionar problemas do cotidiano, e como tal torna-se vulnerável à racionalidade das técnicas que adota para este fim.

Na realização da sua instrumentalidade,[14] como capacidade de responder aos objetivos institucionais, mas também de redefini-los e construir novos, os assistentes sociais vão acionando racionalidades. Porém, temos percebido a permanência de um tipo determinado de racionalidade, que impregnou a cultura profissional em seus objetos, objetivos, princípios, valores, referencial teórico, instrumental técnico-operativo.

A presença naturalizada desta racionalidade na profissão e a ausência da problematização de seus fundamentos conservadores não têm permitido que as intervenções profissionais se diferenciem das ações de natureza empirista, imediatista, instrumental, e, por isso, reiterativas e modelares. Neste escopo, há o apego e o apelo às requisições técnico-operativas, ao instrumental técnico, em detrimento de uma instrumentalidade crítica competente e compromissada.

Mencionamos a adoção de fundamentos críticos. Mas de que crítica se trata?

Da crítica como arma, esta sim, instrumento de enfrentamento das racionalidades conservadoras (formal-abstrata e instrumental), as quais se reforçam, se complementam e nos levam a um profundo imobilismo.

Certo é que, pelo Serviço Social, não se operará a transformação social, mas, para aqueles profissionais cuja racionalidade adotada permite-lhes captar para além da positividade do real os movimentos que levarão à ruptura com esta sociedade, é da maior importância estarem atentos acerca das investidas e do poder de controle e capitulação de tais racionalidades.

Por isso, é importante a percepção de que é no exercício profissional, tendo em vista suas condições objetivas, bastante adversas na

---

14. Instrumentalidade do Serviço Social, considerada como a capacidade que a profissão adquire ao longo de sua trajetória sócio-histórica de alcançar os objetivos propostos, de se materializar em resultados, donde advém seu reconhecimento social. Cabe enfatizar que tal capacidade, fruto do fazer dos assistentes sociais, permite-lhes enfrentar as condições causais/objetivas de surgimento e existência da profissão na ordem burguesa madura e sua funcionalidade (cf. Guerra, 2000).

atualidade, que o assistente social realiza suas escolhas que nem sempre são conscientes, lança mão do acervo ideocultural, mas também produz elementos novos que passam a fazer parte deste acervo, como dito, constituído por objetos, objetivos, princípios, valores, finalidades, orientações políticas, referencial técnico, teórico-metodológico, ideocultural e estratégico, perfis de profissional, modos de operar, tipos de respostas, projetos profissionais e societários, racionalidades que se confrontam e direção social hegemônica etc.

Constituídos de elementos heterogêneos e baseados em racionalidades e projetos societários em disputa, os elementos próprios da cultura profissional conformam perfis determinados de profissão. A cultura profissional, construída coletivamente, é uma mediação entre os conhecimentos e saberes (técnicos, teóricos e interventivos) e as particularidades da profissão. Ela abarca forças, direções e projetos diferentes e divergentes e condiciona o exercício profissional.

Na definição das finalidades e na escolha dos meios e instrumentos mais adequados ao alcance delas, os homens estão exercendo sua liberdade (concebida historicamente como escolha racional por alternativas concretas dentro dos limites possíveis). Tais escolhas implicam projetar tanto os resultados e meios de realização quanto as consequências para o necessário conhecimento dos objetos, dos meios/instrumentos e dos resultados possíveis.

Com isso percebe-se que a cultura profissional incorpora conteúdos teórico-críticos projetivos. Nesta perspectiva a cultura profissional constitui-se numa mediação relevante, através da qual o assistente social pode negar a ação puramente instrumental, imediata e espontânea, e reelaborá-la em nível de respostas socioprofissionais plenas dos seus princípios ético-políticos.

E se o debate das racionalidades e da racionalidade da técnica tem alguma relevância para a transição socialista, concluímos, com as palavras de Mészáros (1987, p. 55), que "programas e instrumentos de ação sociopolíticos verdadeiramente adequados só podem ser elaborados pela própria prática social crítica e autocrítica no curso do seu efetivo desenvolvimento".

Referências

ADORNO, T.; HORKHEIMER, M. *Dialética do esclarecimento: fragmentos filosóficos* (1969). Disponível em: <http://antivalor. vilabol.uol.com.br>. Acesso em: 20 de abr. 2013.

GUERRA, Y. *A instrumentalidade do Serviço Social*. São Paulo: Cortez, 1995.

GUERRA, Y. Expressões do pragmatismo no Serviço Social: reflexões preliminares. *Revista Katalysis*, Florianópolis: Editora da UFSC, v. 16, n. esp., p. 39-49, 2013.

_____. Instrumentalidade do processo de trabalho e Serviço Social. *Revista Serviço Social & Sociedade*, São Paulo: Cortez, n. 62, p. 5-34, 2000.

_____. O projeto profissional crítico: estratégia de enfrentamento das condições contemporâneas da prática profissional. *Revista Serviço Social & Sociedade,* São Paulo, Cortez, n. 91, p. 5-33, 2007.

HABERMAS, J. *Técnica e ciência enquanto ideologia*. Textos Escolhidos. São Paulo: Abril Cultural, 1975.

HORKHEIMER, M. *Crítica de la razón instrumental*. Trad. H. A. Murena e D. J. Vogelmann. Buenos Aires: SUR, 1973.

IAMAMOTO, M. *Renovação e conservadorismo no Serviço Social*: ensaios críticos. São Paulo: Cortez, 1992.

LUKÁCS, G. A decadência ideológica da burguesia. In: _____. *Sociologia*. Org. por José Paulo Netto. São Paulo: Ática, 1992. (Coleção Grandes Cientistas Sociais.)

MARCUSE, H. *A ideologia da sociedade industrial*: o homem unidimensional. Rio de Janeiro: Zahar Editores, 1978.

MÉSZÁROS, I. *A necessidade do controle social*. São Paulo: Ensaio, 1987.

NETTO, J. P. *Capitalismo monopolista e Serviço Social*. São Paulo: Cortez, 1992.

_____. *Ditadura e Serviço Social*: uma análise do Serviço Social pós-64. São Paulo: Cortez, 1991.

SANTOS, L. L. Metodologismo: explosão de uma época. In: _____. *Textos de Serviço Social*. 5. ed. São Paulo: Cortez, 1993.

SOBRE OS AUTORES

ALEXANDRA APARECIDA LEITE TOFFANETTO SEABRA EIRAS — Assistente Social. Doutora em Serviço Social pela UFRJ. Professora adjunta e vice-diretora da Faculdade de Serviço Social da Universidade Federal de Juiz de Fora — UFJF.

CARINA BERTA MOLJO — Assistente Social. Doutora em Serviço Social pela PUC/SP. Professora adjunta da Faculdade de Serviço Social da Universidade Federal de Juiz de Fora — UFJF. Pesquisadora do CNPq, coordena o grupo de pesquisa Serviço Social, Movimentos Sociais e Políticas Públicas.

CLÁUDIA MÔNICA DOS SANTOS — Assistente Social. Doutora em Serviço Social pela UFRJ. Professora Assistente III da Faculdade de Serviço Social da Universidade Federal de Juiz de Fora — UFJF. É membro do grupo de pesquisa Serviço Social, Movimentos Sociais e Políticas Públicas da FSS/UFJF. Coordenadora do PPGSS/UFJF e foi presidente da Abepss na gestão 2011/2012.

HÉLDER BOSKA DE MORAES SARMENTO — Assistente Social. Doutor em Serviço Social pela PUC/SP. Professor adjunto e coordenador do Programa de Pós-Graduação em Serviço Social do Curso de Serviço Social da Universidade Federal de Santa Catarina — UFSC. É membro do Grupo de Estudos em Pesquisa e Serviço Social — GEPSS.

PRISCILLA ALVES MOURA DE SOUZA — Assistente Social, ex-bolsista de Iniciação Científica da Faculdade de Serviço Social da Universidade Federal de Juiz de Fora — UFJF.

RAQUEL FERREIRA TIMOTEO — Assistente Social, ex-bolsista de Iniciação Científica da Faculdade de Serviço Social da Universidade Federal de Juiz de Fora — UFJF.

RENATA APARECIDA FERREIRA DA SILVA — Assistente Social, ex-bolsista de Iniciação Científica da Faculdade de Serviço Social da Universidade Federal de Juiz de Fora — UFJF.

RODRIGO DE SOUZA FILHO — Assistente Social. Doutor em Serviço Social pela UFRJ. Professor adjunto da Faculdade de Serviço Social da Universidade Federal de Juiz de Fora — UFJF. Membro do grupo de pesquisa Serviço Social, Movimentos Sociais e Políticas Públicas. Ex-Diretor da FSS/UFJF, 2010/2014. Membro da Diretoria Nacional da ABEPSS, gestão 2011-2012.

ROSA LÚCIA PRÉDES TRINDADE — Assistente Social. Doutora em Serviço Social pela UFRJ. Professora adjunta da Faculdade de Serviço Social da Universidade Federal de Alagoas — UFAL e coordenadora do grupo de pesquisa Mercado de Trabalho do Serviço Social. Participa também da Rede de Pesquisa sobre o Trabalho do Assistente Social — RETAS. Conselheira do CFESS, gestão 2011-2014.

SHEILA BACKX — Assistente Social. Doutora em Serviço Social pela PUC-SP. Professora adjunta da Escola de Serviço Social da Universidade Federal do Rio de Janeir-UFRJ, vice-diretora da ESS/UFRJ e coordenadora do projeto de extensão Memória da escola de serviço social da UFRJ: organização do acervo documental, vinculado ao

Centro de Memória e Documentação da Escola de Serviço Social da UFRJ (CeMDESS/UFRJ). Foi vice-presidente da Associação Brasileira de Ensino e Pesquisa em Serviço Social — ABEPSS/Leste, gestão 2001-2002.

YOLANDA GUERRA — Assistente Social. Mestre e doutora em Serviço Social. Professora Associada da Universidade Federal do Rio de Janeiro. Coordenadora do Núcleo de Estudos e Pesquisas sobre os Fundamentos do Serviço Social na Contemporaneidade-NEFSSC da UFRJ e do projeto de pesquisa sobre os Fundamentos Históricos, Teórico-filosóficos e Políticos da Noção de Direitos e o Serviço Social. Bolsista produtividade em pesquisa CNPq. Ex-coordenadora nacional de pós-graduação da Associação Brasileira de Ensino e Pesquisa em Serviço Social-ABEPSS, gestões 2009-2010 e 2011-2012. Atualmente é membro titular do Comitê de Assessoramento Psicologia-Serviço Social no CNPq.

LEIA TAMBÉM

COTIDIANO, CONHECIMENTO E CRÍTICA
por uma abordagem interdisciplinar

José Paulo Netto
Maria do Carmo Brant de Carvalho

10ª edição - 2ª reimpressão (2017)
96 páginas
ISBN 978-85-249-1902-2

A partir de referenciais clássicos no debate sobre a vida cotidiana (Lukács, Lefèbvre, Heller), os autores, com enfoques diferentes, abordam uma temática atual com as maiores implicações práticas para assistentes sociais, educadores e cientistas sociais. Neste livro são enfrentadas questões como: o que é a cotidianidade, quais as suas características, quais os requisitos críticos e as categorias teóricas imprescindíveis para o seu estudo.

LEIA TAMBÉM

A INSTRUMENTALIDADE DO SERVIÇO SOCIAL

Yolanda Guerra

10ª edição - 3ª reimpressão (2016)
288 páginas
ISBN 978-85-249-2203-9

O livro tem se consolidado como um clássico no debate da profissão, mas mantém sua extrema atualidade. Nele, a autora questiona a visão hegemônica da instrumentalidade como referida aos instrumentos operativos; compreensão atrelada aos limites de uma razão formal abstrata. A crítica a esta razão direciona-se no sentido da constituição da razão dialética. Nesta ótica, a autora mostra ao leitor como a categoria "instrumentalidade" remete mais ao "Serviço Social ser um instrumento" para realização de coisas.